Georg Quedens

Pellworm

Insel im Wattenmeer

Breklumer Verlag

Bildnachweis:
Ellermann 1, Scholz 1, Stöver 1
Kartenskizze von Hans Jörn Adolphi
Alle anderen einschließlich der Zeichnungen vom Verfasser

6. Auflage 2002

© 1982 Breklumer Verlag
Gesamtherstellung: Breklumer Druckerei Manfred Siegel KG
Printed in Germany
ISBN 3-7793-1121-6

Inhalt

Vorwort

Ein hoher Deich umrundet und schützt die etwa 37 Quadratkilometer große Insel Pellworm im nordfriesischen Wattenmeer. Im Westen ragt die Turmruine der Alten Kirche als Wahrzeichen hoch in den hellen Horizont – und gegenüber, bei der Anreise von Nordstrand, sieht man zuerst den Leuchtturm, der sich als feiner Strich in den Himmel hebt.

Wie eine gerade grüne Linie liegt der Deich – je nach Ebbe oder Flut – auf dem Watt oder dem Meer. Und mit diesem mächtigen Bauwerk verbindet sich eine jahrhundertelange Leidensgeschichte der Insel, deren Bestand unter unvorstellbaren Opfern ihrer Bewohner immer wieder gegen die Sturmfluten behauptet werden mußte, ehe es schließlich – mit Hilfe der Technik – in der Gegenwart gelang, einen sicheren Ring um Pellworm zu legen.

Die Insel ist noch eine Insel – sie liegt abseits der unruhigen Welt. Wie lange noch, wenn erst ein Damm, zuletzt vielleicht ein Verkehrsdamm zum Festlande geschlagen ist? Aber die Abgeschiedenheit ist nicht ohne Probleme. Wirtschaftsfaktoren und die Abwanderung sprechen eine deutliche Sprache. Doch hat sich Pellworm gerade durch die Verkehrsferne einen Schatz bewahrt, der anderen Inseln längst verloren ging: Ruhe und Lebensharmonie.

Pellworm ist ein in sich geschlossener Lebensraum, wo jeder jeden kennt, mit einer Lebensgemeinschaft voller Originalität, einer Geschichte mit vielen, oft dramatischen Details, aber auch eine Insel mit großer, landschaftlicher Weite unter hohem Himmel.

Küstenlandschaft im Zeitenwandel

Die Geschichte Pellworms als eigenständige Insel beginnt nach der Sturmflut von Anno 1634. Bis dahin war Pellworm eine Harde, ein Verwaltungsgebiet innerhalb der großen Insel Alt-Nordstrand, die mit einer Fläche von reichlich 220 Quadratkilometern den größten Teil des heutigen Halligmeeres bedeckte. Gebildet hatte sich diese bogenförmige Insel nach der Sturmflut des Jahres 1362, als umfangreiche Landmassen im Bereich des nordfriesischen Wattenmeeres in eine Vielzahl von Inseln und Halligen zerrissen wurden und der bedeutende Hafenort Rungholt, am Heverstrom gelegen, unterging. Spätestens von dieser Zeit an sind Geschichte und Geschicke der Bewohner in den Uthlande-Marschen gekennzeichnet vom Ringen um den Bestand ihres Lebensraumes und ihres eigenen Daseins.

Um die bis in die Gegenwart hinein von der Natur, von der Nordsee bestimmte Entwicklung der hiesigen Küstenlandschaft zu verstehen, muß man sich rund 20000 Jahre zurückversetzen, bis zum Ende der letzten Eiszeit. Weil ein großer Teil der Wassermenge in den Gletschern der Polkappen und der Hochgebirge gebunden war, lag der Meeresspiegel weltweit um fast 100 m tiefer als in der Gegenwart. Für den Nordseeraum bedeutete dies ein Trockenfallen bis über die Doggerbank hinaus.

Mit Erwärmung des Erdklimas und dem Abschmelzen der Gletscher erfolgte dann je nach der klimatischen Entwicklung mal ein schnellerer, dann ein langsamerer Anstieg des Meeresspiegels. Etwa um 1000 vor Christi erreichte die Nordsee die heutige Höhe und flutete bis an den schleswigschen Geestrücken. Im nordfriesischen Küstenraum ragten nur die saaleeiszeitlichen Altmoränen, die Geestblöcke der jetzigen Inseln Sylt, Föhr, Amrum sowie einige Höhen und Sandbänke auf der Linie Sylt – Eiderstedt aus dem Meer, von den damaligen Bewohnern aus Mangel an Ernährungsmöglichkeiten teilweise verlassen.

Kurz vor Beginn der Zeitrechnung erfolgte ein Stillstand, sogar ein vorübergehendes Absinken des Meeresspiegels. Auf den abgelagerten Schlickmassen zwischen der Festlandsgeest und einem nahezu geschlossenen Sandwall längs der Küste zwischen Sylt und Eiderstedt bildeten sich durch stauende Nässe umfangreiche Moore und Schilfniederungen. Als sich dann in den ersten Jahrhunderten der Zeitrechnung der Anstieg des Meeresspiegels, vermutlich auch verbunden mit einer bedingten Landsenkung, fortsetzte, brachen Sturmfluten durch den Wall und lagerten neue Schlickschichten auf den Mooren und Niederungen ab, wodurch sich die fruchtbaren Marschen der heutigen Köge an der Festlandsküste sowie der Inseln und Halligen bildeten.

Etwa um das Jahr 1 000, gebietsweise auch schon früher, erfolgte eine umfangreiche Einwanderung von Friesen aus dem Raum der Rheinmündung in dieses Landschaftsgebiet, das von den germanischen Volksstämmen (Cimbern, Teutonen, Ambronen) aus den erwähnten Gründen weitgehendst aufgegeben worden war. Nur die drei genannten Geestinseln blieben in bescheidenem Umfang bewohnt.

Die Friesen kamen aus einer Gegend, wo die Kunst des Wasserbaues, Küstenschutz, Deichbau und Entwässerung schon bekannt war. Hatte bislang die Nordsee allein die Gestaltung des hiesigen Landschaftsbildes bestimmt, so griff nun der Mensch entscheidend und großräumig in das weitere Geschehen ein. Die Friesen bauten Dämme um das überflutungsgefährdete Land, entwässerten dieses und trieben hier Ackerbau und Viehzucht. Ihre Häuser wurden auf Hügel, auf Warften gebaut. Vorhandene Moore verfielen dem Abtrag, wobei nicht nur der Torf als Brennmaterial, sondern auch zur Gewinnung des in der Torfasche vorhandenen Salzes genutzt wurde. Zunächst kam es den neuen Besiedlern aber darauf an, die unter den Mooren liegende, fruchtbare Altmarsch freizulegen.

All diese Maßnahmen, die anfangs den wirtschaftlichen Erfolg der Friesen begründeten, blieben auf lange Sicht nicht ohne Folgen und trugen schließlich zur Zerstörung weiter Marschenflächen bei. Die Bedeichung verhinderte nämlich die fortlaufende Überflutung bei Sturmfluten und die damit verbundene Ablagerung von Schlick und sonstigen Sedimenten, also ein Aufwachsen des Landes gleichlaufend mit dem weiterhin fortdauernden Anstieg des Meeresspiegels. Zusätzlich trockneten Entwässerungsmaßnahmen die im Untergrund liegenden Moorschichten aus, so daß diese zusammensackten und eine Bodensenkung bewirkten – ein Vorgang, der besonders für die heutige Insel Pellworm zutrifft, die stellenweise bis zu einem Meter unter dem Meeresspiegel liegt! Ebenso verursachte natürlich der Torfmoorabbau eine künstliche Landsenkung!

So war im Laufe der Jahrhunderte das kultivierte Küstenland in eine gefährliche Lage zur Meereshöhe geraten, geschützt nur von unzureichenden Deichen. Ganz sicher blieb aus Unkenntnis und Mangel an wissenschaftlichen Möglichkeiten den Küstenbewohnern das Steigen des Meeres pro Jahrhundert mit 25–30 cm – eine Marke, die auch gegenwärtig noch gültig ist – verborgen, so daß keine Gegenmaßnahmen, etwa Deicherhöhungen getroffen wurden. Als dann die mittelalterlichen Sturmfluten diese Deiche durchbrachen, kam es zu großen Überschwemmungen und Verlusten an Menschen und Vieh. Das tiefliegende Land aber verwandelte sich im Nu zum Watt. Die fortwährende »Ausdeichung« von Kirchen und Kirchspielen in jener Zeit reden eine deutliche Sprache. Von der Rungholt-Flut im Jahre 1362 bis zur ähnlich großen Sturmflut im Jahre 1436 sollen es im nordfriesischen Küstenraum rund 60 gewesen sein.

Der Husumer Karthograph Johannes Mejer hat im Rahmen seines umfangreichen Kartenwerkes, das er um 1640 zusammen mit dem Husumer Bürgermeister Caspar Danckwerth im Auftrage des dänischen Königs anfertigte, eine Rekonstruktion dieser »Alten Nordfrieslande« bis an das Jahr um 1240 versucht. Diese Karte zeigt ein im wesentlichen noch zusammenhängendes Land, das nur durch Priele, die zur Nordsee, zum »Cimbrischen Meer« Verbindung haben, aufgegliedert ist. Kritische Untersuchungen aus jüngerer Zeit verweisen diese Kartenrekonstruktion in Teilbereichen in das Feld der Phantasie – zumal im Erdbuch von König Waldemar II. aus der Zeit um Anno 1231 schon von einer Inselwelt in »Frisia minor«, Klein-Friesland, die Rede ist. Doch weisen Kulturspuren, die immer noch zwischen Inseln und Halligen im Watt zu finden sind sowie die geschilderte geologische Abfolge darauf hin, daß im heutigen nordfriesischen Wattenmeer seinerzeit noch größere Zusammenhänge von Marschen bestanden, und daß diese bewohnt und bewirtschaftet wurden.

Nachdem schon zu Beginn des 13. Jahrhunderts verheerende Sturmfluten auftraten, die Anno 1216 und 1230 zehntausenden von Menschen das Leben kosteten und große Überschwemmungen anrichteten, leitete eine Sturmflut vom 15.–17. Januar 1362 den Untergang des erwähnten Hafenortes Rungholt und dessen Umland ein, wobei etwa 7 Kirchspiele zugrunde gingen und 7600 Menschen im Bereich des »Strandes« ertranken. Der Hever-Strom brach bis Husum durch und trennte bei Verlust der Lundenbergharde die Festlandsverbindung des »Strandes«, wie das mehr oder weniger zusammenhängende Marschengebiet zwischen Eiderstedt und Föhr genannt wurde.

Nach der Sturmflut von 1362 bildete sich also die große Insel »Strand«, später »Nordstrand« genannt, heraus, deren nachfolgende

Geschichte von weiteren Bedrängnissen und Landverlusten gekenn-
zeichnet ist. Durch die Allerheiligenflut des 1. November 1436 riß
ein breiter Strom durch, der die Pellwormer Harde vom übrigen
Nordstrand trennte. Und durch eine hohe Flut im Jahre 1480 brach
»eine große Wehle oder Tief in Waldhusum ein, so hernach ganz
Pellworm hat durchgeschnitten und darin auch der Beckstrom seinen
Lauf genommen. Darauf die Wasserleitung im folgenden Jahre durch
Tamme Mumsens Land ist gegraben und der so genannte Tammen-
Siel gelegt wurde« (Heimreich).

Erst im Jahre 1550, nach der Bedeichung des Buphever-Kooges
konnte Pellworm mit dem größeren Inselteil von Nordstrand wieder
verbunden werden. Und ungeachtet weiterer Sturmfluten und Land-
verluste in den Jahren zwischen 1570 bis Anfang des 17. Jahrhunderts,
gelang es andererseits unter Einsatz aller Kräfte und Mittel von 1610
bis 1624 noch vier neue Köge zu gewinnen und den Deich zwischen Ilgroff und Brunnock zu erneuern. Doch alle Anstrengung war umsonst
– im Jahre 1634 ging das alte Nordstrand verloren.

Alt–Nordstrand

Über das Leben und die Zustände auf der großen Insel Alt-Nordstrand
liegen zahlreiche Berichte vor, die ein zusammenhängendes Bild vermitteln. Eine dieser detaillierten Beschreibungen stammt von dem Pastor Johannes Petreus, der von 1565 bis 1605 im Kirchspiel Odenbüll
amtierte. Er bezieht sich auf die Verhältnisse um Anno 1600, also wenige Jahrzehnte vor dem Untergang der Insel. Zu dieser Zeit war die
Insel knapp 200 Quadratkilometer groß, hatte 22 Köge mit ebensovie-
len Kirchen bzw. Kirchspielen, rund 1200 Gebäude und zählte etwa
8600 Einwohner. Nach früheren Landverlusten war im Jahre 1593
eine Neugliederung der Landschaftseinteilung erfolgt. Die Reste der
Lundenberg- und Wyriksharde wurden aufgelöst und den übrig gebliebenen Harden, der Edomsharde, (Kerngebiet der heutigen Insel
Nordstrand) – Beltringsharde (im oberen Inselbogen) – sowie Pellwormharde (im südwestlichen Inselteil) zugelegt.

In der Inselmitte lag das »Wüste Moor«, eine Hochmoorfläche, dessen Niveau das Marschland beträchtlich überragte, so daß es bei der

Die Insel »Strand« (Alt-Nordstrand) vor der Zerstörung durch die Sturmflut im Jahre 1634 – Karte von Saxo Grammaticus

Sturmflut 1634 als einziges Inselgebiet von der Überflutung verschont blieb. Nach der Sturmflut bildete sich aus dieser Fläche die heutige Hallig Nordstrandisch-Moor.

»Das Land hat eine wunderbare Fruchtbarkeit«, heißt es dann in den Annalen von Petreus. In guten Jahren versorgte die Ernte an Getreide, Bohnen und Erbsen die doppelte Anzahl der Bewohner, sodaß im Herbst alle 15 Siele voll von fremden Schiffen lagen, die beladen wurden. Es konnten jährlich etwa 600 Ochsen ausgeführt werden. Wo Moorboden lag, wurde Torf gestochen und als Brennmaterial genutzt. Eine wichtige Erwerbsquelle war die Salzgewinnung aus Seetorf. Bei Ebbe wurde dieser aus dem Watt gegraben und mit Booten zum Land gebracht, dort ausgebreitet und getrocknet und schließlich verbrannt. Die so gewonnene Asche füllte man in große Bottiche, goß Salzwasser darüber und laugte das in der Asche enthaltene Salz zu einer gesättigten Sole aus. Alsdann erfolgte das Sieden dieser Sole in breiten, eisernen Kesseln, wo nach dem Verdampfen des Wassers das kristallisierte Salz zurückblieb.

Für die Verwaltung und das Rechtswesen auf Alt-Nordstrand galten die Siebenhardenbeliebung von Anno 1426 und das Landrecht von 1518, ursprünglich mit 33 Artikeln, Anno 1558 erweitert auf 102 Artikel. Die Friesen der Uthlande übten, begünstigt durch die Unzugänglichkeit der insularen Landschaft, weitgehende Selbstverwaltung und waren, gemessen an den Zeitverhältnissen, relativ freie Menschen, die auch untereinander keine Standesunterschiede kannten. Doch unterstanden sie seit dem 13. Jahrhundert der wechselnden Oberhoheit dänischer Könige oder schleswigscher Grafen und Herzöge, denen sie Landgeld zahlten – gegen die sie aber des öfteren durch Aufstände ihre Freiheitsrechte verteidigten. Als jedoch im Wordingborger Frieden von 1435 König Erich das Herzogtum Schleswig »mit allen Frieslanden« dem Herzog überlassen mußte, wurden ihre Freiheitsrechte eingeengt und als Aufsichtsbeamte auf Alt-Nordstrand Staller eingesetzt.

Wie erwähnt, waren die Friesen freie Menschen auf eigenem Land, aber entsprechend ihrem Besitz »deichpflichtig«. Das Deichwesen spielte naturgemäß die wesentlichste Rolle auf einer Insel, deren Bestand ausschließlich vom Zustand der Deiche abhing. Jeder Koog hatte die entsprechenden Obmänner. Für das Deichwesen galt das »Spadelandrecht«, eine Sammlung altüberlieferter Vorschriften, die im Jahre 1556 von Herzog Johann mit dem Staller von Nordstrand und 16 ehrbaren Männern schriftlich fixiert wurden. Von besonderer Tragweite war der Artikel 8, der die Deichpflicht regelte. Landeigentümer, die dieser Pflicht zur Unterhaltung und Reparatur des Deiches nicht nachkamen, wurden nach vorheriger Aufforderung nach dem Prinzip: »Wer nicht will deichen, muß weichen« entschädigungslos enteignet. Als Zeichen dieser harten, für den Bestand des ganzen Landes jedoch notwendigen Maßnahme, steckte der Deichrichter einen Spaten auf das Deichstück des Pflichtschuldigen und bot den Besitz zunächst den Gläubigern des Enteigneten oder dessen Freunden und zuletzt – wenn erstere ablehnten – den benachbarten Grundbesitzern zur Übernahme an. Fand sich niemand von den Genannten bereit, das angebotene Land und die damit verbundene Deichpflicht zu übernehmen, mußte der gesamte Koog dafür einstehen.

Die Deiche waren anfangs von niedriger und primitiver Bauart, mit steilen Profilen, die zur Seeseite am Fuß durch ein »Stakwerk« aus Balken und Brettern gesichert werden mußten. Erst durch den aus Holland stammenden Deichgrafen Johann Claußen Koth-Rollwagen erhielten die Deichprofile Anfang des 17. Jahrhunderts eine geneigtere Form, die der See weniger Angriffsfläche bot. Der erwähnte Deichgraf war auch Konstrukteur der Schubkarre, die erstmals im Jahre 1612 auf Nordstrand zum Einsatz kam und den Transport des Erdmaterials auf einfach verlegbaren Bretterstegen wesentlich erleichterte. Bis dahin waren Tragbahren und dreiräderige Sturzkarren in Gebrauch gewesen.

Untergang einer Insel

Alle Mühe, der unablässige Arbeits- und Geldaufwand sowie die strengen Gesetze des Spadelandrechtes, erwiesen sich als unzureichend gegen die Gewalt der Natur!

In der Nacht vom 11. zum 12. Oktober des Jahres 1634 brach, begleitet von einem unheimlichen Gewitter, eine rasch auflaufende Sturmflut über die Deiche der Insel und ertränkte Koog um Koog. Chronisten jener Zeit, darunter die Pastoren Anton Heimreich und M. Lobedantz, haben der Nachwelt erschütternde Berichte über dieses nur wenige Stunden dauernde Ereignis vermittelt. Demnach kam die

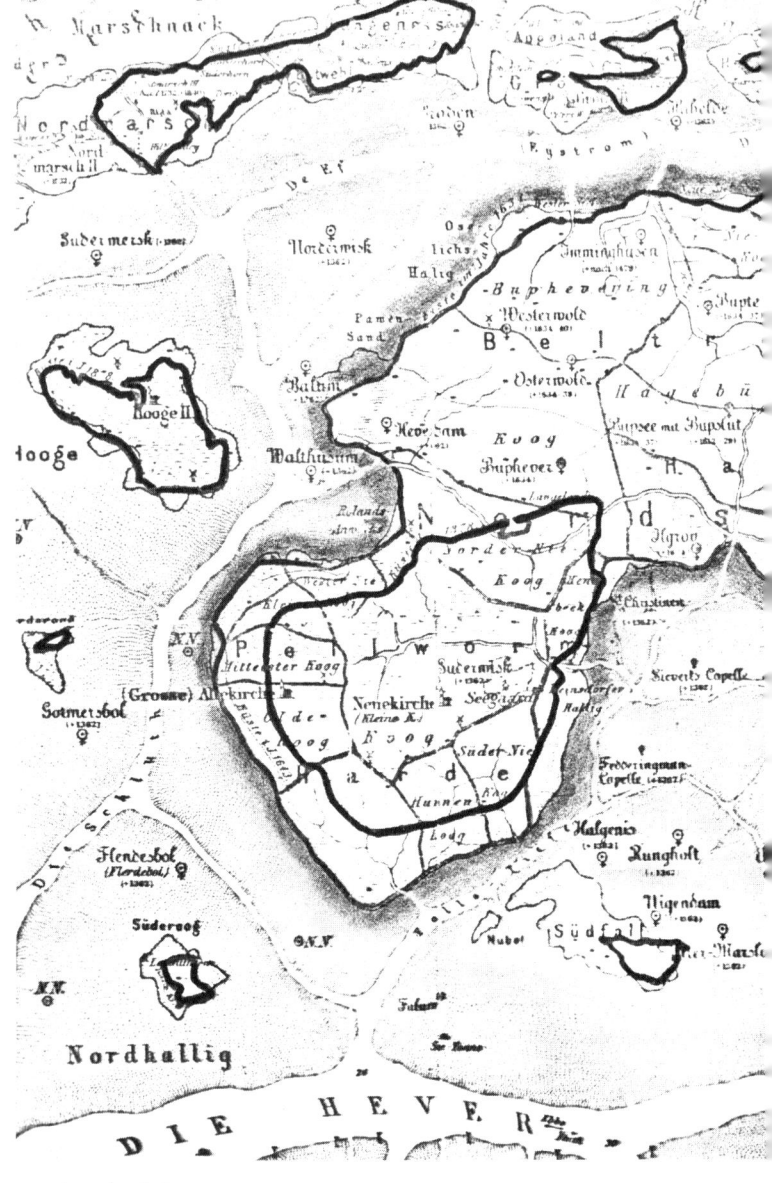

Vergleichskarte »Alt-Nordstrand« vor 1634 und die daraus entstandenen heutigen Inseln und Halligen Pellworm, Nordstrand, Nordstrandisch-Moor und Hamburger Hallig (stark umrandet).

Flut für die Inselbewohner völlig überraschend, da die Wetterlage keineswegs bedrohlich erschien. »Die finstere Nacht hat vielen die große Gefahr verborgen . . . einige sind in ihren Betten im festen Schlafe weggetrieben . . . andere haben sich, ihre Weiber und Kinder mit Stricken aneinander gebunden, daß sie in Liebe vereint, durch die grausamen Wellen nicht getrennt werden möchten. Viele haben sich auf die Dächer begeben und sind mit denselben als auf einem Schiff herumgeführt worden, welches aber bald in den Wellen zerbrach . . . Und hat es allenthalben ein jämmerliches Ansehen gehabt, wie unzählig viele tote Leute herumtrieben . . .«

Nur jene Inselbewohner, deren Hausmauern der Sturmsee standhielten, konnten sich auf den Dachboden retten. Sie beobachteten mit ängstlicher Unruhe, daß die Flut noch immer stieg, obwohl schon seit Stunden Ebbezeit war. Zwei Stunden nach Mitternacht erreichte das Wasser seinen höchsten Stand. »Als dann der Morgen graute, bot sich den Überlebenden ein unbeschreibliches Bild der Verwüstung. Die Deiche der Insel waren an 44 Stellen durchbrochen . . . 30 Mühlen und nahezu alle Häuser, nämlich über 1 300 lagen in Trümmern, nur die festen Kirchtürme ragten noch unversehrt wie kolossale Grabsteine über dem wilden Chaos empor. Nur 2633 Bewohner hatten diese Schreckensnacht überlebt, blickten jetzt trostlos auf die verödeten Land- und Haustrümmer, auf die zerrissenen Deiche und das frei ein- und ausströmende Wasser, auf die im Schlamm liegenden Menschen- und Tierleichen und auf den nahen Winter mit neuen Stürmen und neuem Elend . . .«

Ein Verzeichnis im Schleswig-Holsteinischen Landesarchiv Schloß Gottorf in Schleswig trägt den Titel: »Verzeichnis der Menschen, so den 11. Oktober 1634 in der Nacht im Nordtstrande in der hogen Wasserfluth jämmerlich ertrunken und umgekommen, item was sonsten für Schaden dort geschehen«. Demnach sind 6 123 Menschen, darunter 9 Prediger und 10 Küster ertrunken, 1339 Häuser, 28 Windmühlen und 6 Glockentürme weggetrieben »und an Beesten und lebendige Habe als Pferde, Ochsen, Kühe, Schafe und Schweine ertrunken nicht minder als 50 000 Stück . . .«

An der Anzahl der Toten war die Pellworm-Harde mit 1 012 Menschen beteiligt. Hier gingen 191 Häuser verloren. 56 Hauswirte und Landeigner und 7 Kätner »blieben behalten«. Die größere Überlebenszahl der »Hauswirte« = Hofbesitzer auch in den anderen Inselteillen, erklärt sich durch die Tatsache, daß ihre Häuser stabiler waren

»Der Untergang von Alt-Nordstrand« – Fensterbild (Ausschnitt) im Momme Nissen-Haus, Pellworm

und vorwiegend auf hohen Warften standen, während sich die Häuser der Kätner, der Deicharbeiter und landwirtschaftlichen Tagelöhner auf oder an den Böschungen der Deiche befanden und damit niedriger lagen.

Auch die 22 Kirchen blieben zunächst erhalten. Doch hatten sie ihr Kirchspielland und den größten Teil ihrer Gemeindeglieder verloren, brachen im Laufe der folgenden Jahre ein oder wurden abgebrochen. Das Inventar wurde an andere, auswärtige Kirchen verkauft oder kam in bewahrt gebliebenen Alt-Nordstrander Kirchen. Dazu gehörten neben der St. Vinzenz-Kirche zu Odenbüll auf dem heutigen Nordstrand die beiden Kirchen der Harde Pellworm, die »Alte-« und die »Neue Kirche«.

Unheimlich schnell, weil zum Meeresspiegel sehr niedrig gelegen, lösten sich die überfluteten Landflächen auf und verwandelten sich in Watt. Nur die Hallig Norstrandisch-Moor und die heutigen Inseln Nordstrand und Pellworm blieben von der einstmals großen Insel Alt-Nortstrand erhalten.

Die Neubedeichung Pellworms

Wie schon erwähnt, beginnt nach dieser Sturmflut von 1634 die eigenständige Geschichte von Pellworm, getrennt vom Restnordstrand, deren überlebende Bewohner nicht mehr zu einer Wiederbedeichung der Inselreste fähig waren und deshalb mit ihrem Grund und Gut dem erwähnten Spadelandrecht verfielen, d.h. zugunsten einer Genossenschaft niederländischer Partizipanten enteignet wurden und größtenteils ihre Heimat verlassen oder in die Dienste der neuen Inselherren treten mußten.

Den Einwohnern von Pellworm gelang es jedoch in den Jahren von 1635–37 die zerstörten Deiche des Großen Kooges, des Kleinen- und Mittelkooges, des Alten Kooges und des Wester Neuen Kooges (Johann-Heimreich-Kooges) wieder instand zu setzen, wozu der Herzog eine Abgabenerleichterung gewährte. Wesentlichen Anteil an dem Gelingen hatte auch ein Holländer namens Cornelius Jansen Allers, der fast 1 200 Demat = 600 ha kaufte und die Wiederbedeichung besorgte. Nach diesen, für die überlebenden Inselbewohner fast übermenschlichen Anstrengungen, die der Deichgraf und spätere Ratmann Peter Harrsen, unterstützt von dem Staller A. v. Bestenborstel, leitete, war es dann aber zunächst nicht möglich, auch die Köge im Süden der Insel, den »Hunnenkoog« und den »Süderkoog« wiederzugewinnen. Ebenso scheiterte auch der Versuch, im Jahre 1637 den Norder Neuen Koog zu bedeichen, »wiewohl man große, jedoch vergebliche Mühe und Kosten hat angewandt . . .« Aus einer Bittschrift der Koogsinteressenten an den Herzog geht hervor, daß der »Deichbase«, der Bauunternehmer Marten Junge »sie schendlich um ihr Geld gebracht hat.« Somit betrug die mit Abschluß des Jahres 1637 neubedeichte Fläche von Pellworm rund 3 700 Demat = knapp 1 850 ha. In den nun folgenden Jahrzehnten konnten keine weiteren Außendeichsländereien mit ihren zum Teil noch bewohnten Warften eingedeicht werden. Erst im Jahre 1657 wandte sich eine Interessentenschaft Pellwormer Einwohner an Herzog Friedrich III. mit der Bitte um ein »Octroy über die Bedeichung des Norder Neuen Kooges«, dessen Gewinnung 1637 gescheitert war. Die »gehorsamen Unterthanen, benannt Peter Harrsen – Deichgraf, Johannes Hummersen, Hermanus Hanßen und Consorten« erhielten die gewünschte Bewilligung mit der »Concedierung«, nach Vollendung des Deiches für 5 Jahre vom Landgeld, von Pflugsteuern, Contributionen und Auflagen, »sie haben Namen wie sie wollen, befreit zu seyn«. Noch im gleichen Jahre, 1657, gelang die Bedeichung des 144 Demat großen Kooges.

Sechs Jahre später, 1663, wandte sich die Planung einem noch unbedeichten Teil südwestlich des Alten Kooges und den Flächen des Hunnenkooges und Süderkooges zu. Hierfür konzedierte der Herzog einen Octroy mit einer zehnjährigen Befreiung der vorgenannten Abgaben. »Denselben Sommer haben die Pellwormer Interessenten die Bedeichung des ausgeworfenen Anteiles vom Alten Koog angegriffen und 500 Demath Landes glücklich gewonnen«, obwohl am 20. Oktober eine Sturmflut den kaum vollendeten Deich durchbrach. Doch konnte der Schaden im folgenden Jahr behoben werden. Dieser Koog erhielt später den Namen Westerkoog.

Es dauerte dann allerdings noch 9 Jahre, bis 1672, ehe unter den gleichen Bedingungen auch der Hunnen- und der Süderkoog von 25 Interessenten in den Schutz eines neuen Deiches gebracht werden konnte, wobei es besondere Schwierigkeiten bei der Durchdämmung einer tiefen Wehle, dem Süderkoogstief, gab. Beide Köge hatten eine Landfläche von zusammen 1 121 Demat = rund 560 ha.

Im gleichen Jahre konnten dann auch die Überreste des früheren Hensebek Kooges, nun Hensebek Hallig genannt, der Insel durch die Neubedeichung angeschlossen werden. In diesem Fall trat der herzogliche Gerichtsverwalter und Landschreiber Peter Ütermark als Unternehmer auf. Ihm bewilligte der Herzog, wie den Nordstrander Partizipanten, eine vierzehnjährige Abgabenfreiheit. Peter Ütermark muß ein reicher Mann gewesen sein, denn er bedeichte nicht nur den etwa 380 Demat großen, noch heute nach ihm benannten Koog, sondern baute sich am Tammensiel auch einen Haubarg sowie ein in Bremen gezimmertes und hierhin gebrachtes Haus, ebenso ein Haus beim Moordamm, nicht weit von Langeland.

Mit der Gewinnung des Großen Norderkooges im Jahre 1687 rundete sich dann die Gestalt der Insel Pellworm vorläufig ab. Den Octroi dazu erteilte der König Christian V. am 19. Mai des genannten Jahres an die Pellwormer »Unterthanen Johann Hummersen, Peter Harrsen (oder Hansen), Arfast Knudßen und Consorten«, verbunden mit einer zehnjährigen Abgabenfreiheit. Der Großer Norderkoog hatte eine Fläche von 428 Demat und die Gesamtinsel Pellworm nunmehr eine Größe von knapp 6 000 Demat = 3 000 ha.

Jahrhundertelang veränderte sich der Inselumfang nun nicht mehr.

Erst 1790 wurde noch der nur etwa 2,5 ha große Ostersiels-Koog bedeicht, und dann dauerte es bis zum Jahre 1938, ehe Pellworm mit der Gewinnung des Buphever-Kooges die gegenwärtige Größe und Gestalt erhielt.

Das Ringen um die Insel

Die Geschichte der Wiedergewinnung Pellworms zeigt den Erfolg nachhaltiger, unerhörter Anstrengungen seitens der Insulaner. Aber sie wäre unvollständig ohne Erwähnung der ständigen Rückschläge durch bedrängende Naturgewalten, Sturmfluten, die auch in der Folgezeit nicht ausblieben und nicht nur umfangreiche, die finanziellen Mittel ruinierende Schäden an den Deichen anrichteten, sondern auch den Bestand der Insel einige Male in Frage stellten. Erst durch die Einbeziehung auch dieser Ereignisse läßt sich die Größe und Gewalt des Ringens gegen die Nordsee ermessen!

Sturmfluten der Jahre 1697, 1701 und 1703 erzwangen eine Erhöhung der Pellwormer Deiche, und das war wohl ein Glücksfall. Denn in der Weihnachtsnacht 1717 lief eine überaus hohe Flut auf. Die Deiche brachen an mehreren Stellen. Dank des guten Zustandes der Deiche geschah dies aber erst bei ablaufendem Wasser, so daß die betroffenen Köge nur 3 – 4 Fuß überflutet wurden. »Auf den Deichen des Wester- und Norderkooges ist das Elend jedoch groß gewesen, weil die ungestümen Meereswellen über die Deiche gingen und die Häuser fast alle niederschlugen, auch mehrere Menschen erbärmlich umgekommen . . .« schrieb Heimreich. Eine vom König Friedrich IV. eingesetzte Kommission ermittelte einen Gesamtschaden von fast 80 000 Reichstalern.

Sturmfluten am 23. Februar 1718 und Mitte November 1719 richteten abermalige Schäden an, so daß die seit 1717 vorgenommenen Reparaturen, »welche über 1 000 Rtr. gekostet, wieder ruiniert wurden«. Ein Gesuch um Aufschub der Abgaben wurde jedoch nur teilweise bewilligt. Die Abgaben der Insel Pellworm an die herzogliche

Im Ringen um den Deich

Die Flut strömt über den Deich – gleich wird er brechen!

Kasse betrugen im Jahre 1718 insgesamt 6451 Reichstaler und 46 Schillinge, und zwar:

1. Contribution und Dematgeld   3724 Rtr. 24 ß
2. Ständige Abgaben, Zollgelder   1645 Rtr. 46 ß
   Recognition, Krug- und Fährhäuser
3. Verbotgeld und Brüche (Strafen)   228 Rtr. 40 ß
4. Kopf-, Vermögens- und Nahrungssteuer   852 Rtr. 32 ß

Zwei Sturmfluten im Herbst und in der Neujahrsnacht des Jahres 1720 richteten wieder erhebliche Schäden und Überschwemmungen an, und die nachfolgenden Jahre sind gekennzeichnet von Bittgesuchen um Abgabenerlaß und von Konkursen. Mehrere Pellwormer sind »unter Verzicht auf ihre restliche Habe des Landes entlaufen.« 1729 und 1743 wurden abermals mehrere Köge »inundiert« (überschwemmt) und Deiche zerstört, so daß das eine Mal die Zinsen für die von König Friederich IV. vorgeschossenen Deichgelder »für verwichene und künftige Zeiten erlassen« und das andere Mal die »noch bis Ende 1735 restierenden Dematgelder zur Wiederherstellung der Deiche geschenket« werden mußten.

Doch die Insel und ihre Bewohner blieben im Elend. Grund und Boden mußten verkauft oder verpfändet werden, um der Schuldenlast der ständigen Deicharbeiten gerecht zu werden. Und die Nordsee gab weiterhin keine Ruhe. Schwere Sturmfluten im Januar und Oktober 1756 verursachten einen Schaden von 108500 Rtr. In einem Verzeichnis werden 154 Einwohner mit ihren Familien genannt, »die wegen der großen Flut und des daher verlorenen Kredits unvermögend sind, sich selbst Brotkorn zu beschaffen, um in dem herannahenden Winter mit ihren Kindern durchzukommen«. Ein anderer Bericht verrät, »daß die Ländereien sich durch die Überschwemmung derart verschlechtert und jahrelang nur die halbe Frucht getragen haben«. Noch das ganze folgende Jahr hindurch mußte am Deich gearbeitet werden, auf Order des Oberstallers v. Ahlefeld auch »während der Erntezeit täglich mindestens 150 Wagen, nach der Ernte alle verfügbaren Fuhrwerke.« Solchen, die sich widersetzten, wurde angedroht, »daß sie durch in ihr Haus zu sendende Reiter zum Erweis ihrer Schuldigkeit angehalten werden. Die dann noch Widerspenstigen werden mit Karrenstrafe in Rendsburg belegt.« Nach Sturmfluten in den 1760er und 1780er Jahren folgte dann eine Serie schwerer Schicksalsschläge in den Jahren von 1789 bis 1794. In 1789 wurde der Deich durch eine »Eisflut«, durch die von einem Sturm gegen den Deich gedrückten Eismassen allenthalben aufgerissen. Wie groß die Not der Insulaner war, geht daraus hervor, daß einige das hölzerne Stackwerk am Deichfuß wegbrachen, um Feuerung für ihre Wohnungen zu haben. Gegen diesen »landesverderblichen Frevel« mußten schwere Strafen angedroht werden.

Die weitere Leidensgeschichte der Insel und ihrer Bewohner geht aus einer Eingabe jener Zeit hervor. Dort heißt es unter anderem: »Gewiß kein Ort an der ganzen schleswigschen Westküste ist durch Gottes unerforschliche Ratschlüsse so schwer heimgesucht worden, wie die Insel Pellworm . . .« Namentlich im Jahre 1784 befand sich der Deich in einem sehr gefährlichen Zustand, und da die Konjunkturen für den Landmann ungünstig waren, wollten mehrere Interessenten ihre Spaten auf den Deich setzen, was nach dem Spadelandsrecht die Übergabe des Deiches an die Kommune bezeichnete und die Güterabtrennung des Betreffenden nach sich zog. Auf diese Weise kam die Kommune in den Besitz von 600 bis 800 Demat. Die Insel kam immer mehr in Verfall. Die Summen, womit die Königliche Regierung sie von Zeit zu Zeit unterstützte und die Nachlässe der Schatzungen waren im Verhältnis zu der Größe des Übels zu gering. Ein Sturm im März 1791 versetzte dem Deich einen heftigen Stoß. Im Jahre 1792, in der Nacht vom 10. auf den 11. Dezember erfolgte eine fürchterliche Überschwemmung . . . Es gelang, den Deichbruch einigermaßen zu stopfen und dadurch den größten Teil des Landes vom beständigen Eindringen der See zu befreien, allein die Wiederherstellung des Deiches überstieg die geschwächten Kräfte . . . »Man entschloß sich, Abgeordnete nach des Königs Thron zu senden, um die verzweifelte Lage vorzustellen und Hülfe zu erbitten. Aber während man über den Erfolg zwischen Furcht und Hoffnung schwebte, ereignete sich am 3. März 1793 eine neue Überschwemmung und brachte das Unglück des Landes zur höchsten Stufe. In dieser betrübten Lage erfolgte die Königliche Erklärung, der Insel aufzuhelfen und durch die Anlegung eines neuen Deiches an der Westseite künftigen Überschwemmungen vorzubeugen . . .« Aber auch das nächstfolgende Jahr 1794 führte gleich am 26. Januar eine Überschwemmung herbei, welche die Insel in eine noch traurigere Lage versetzte. Alle Erde, die im verflossenen Jahr in die schadhaften Stellen des Seedeiches gebracht worden war, wurde wieder weggespült, der Deich an zwei Stellen zerrissen, am Süderkoog an 7 Orten gebrochen und am Ütermarkerkoog eine große

Wehle verursacht. Zur Ernte bleibt auch in diesem Jahr keine Hoffnung . . .«

Es folgten dann einige Jahre der Ruhe, und in dieser Zeit gelang es mit Hilfe der Regierung den Deich, der »schar«, ohne den Schutz von Vorland an der Westseite der Insel lag, »drei lange Fennen« nach innen zu versetzen, wobei aber der Alte- und der Mittelste Koog 121 Demat 4 Saat an Fläche verloren. In diesem Zusammenhang wiesen die Deichgrafen Christiani und Feddersen darauf hin, daß die Deiche eine mehr abgeflachte Böschung erhalten, »weil das Meer an den steilen Bollwerken sehr gereizt wird«.

Aber noch einmal wurde der Insel eine schwere Prüfung auferlegt. In der Nacht vom 3. auf den 4. Februar 1825 lief eine der höchstgemessenen Sturmfluten auf »und ergoß sich über alle Deiche . . .« Nach einer Denkschrift des Ratmannes Boy Novock Friedrichsen kam diese Überflutung ganz unvorbereitet, weil der Sturm bei weitem nicht so stark war, wie vorausgegangene Herbststürme. Trotzdem wurde die Deichkrone etwa 4 Fuß hoch überströmt, und obwohl es glücklicherweise keinen Grundbruch gab, waren die Binnenseiten der Deiche durch das überstürzende Wasser allenthalben aufgerissen und die Deichkronen abgesackt. Besonders schwere Schäden wiesen dabei naturgemäß die Deiche der seeseitigen Köge auf. Hier hatte die überschlagende Sturmsee auch mehrere Häuser zerstört – doch gab es erstaunlicherweise keine Ertrunkenen zu beklagen, bis auf zwei junge Männer, die aber nicht in unmittelbarem Zusammenhang mit der Sturmflut ertranken. Sehr viel schwerer wurden in dieser Beziehung die Bewohner der umliegenden Halligen betroffen. Auf Südfall etwa blieb von 5 Häusern und deren zwölf Bewohnern nicht eine Spur zurück. Insgesamt ertranken auf den Halligen 74 Menschen.

Wie bei anderen Überschwemmungen galt auch diesmal die erste Sorge dem Trinkwasser für Mensch und Vieh. Im Süderkoog und im Johann-Heimreich-Koog waren einige Kuhlen vom Salzwasser frei geblieben und lieferten das erforderliche Trinkwasser. Schon wenige Tage später wurden die ersten »Notwehrarbeiten« ausgeschrieben, und bereits am 16. Februar konnte der Pellwormer Deichgraf dem Deichinspektor Salchow in Husum die »Abdämmung der gefährdesten Stellen mittels Kajedeichen von 8 bis 9 Fuß Höhe über GHW (Gewöhnlich Hochwasser)« melden.

Aber nach dieser Sturmflut mußten wieder zahlreiche Bauern ihren Besitz aufgeben, weil der Boden unfruchtbar und die Deichlasten un-

Steindecken sichern den Deichfuß

Schafe halten den Deichrasen dicht und kurz

erschwinglich geworden waren. Das große Gut Seegarden geriet ebenfalls in Konkurs und wurde mit 30 Demat besten Landes für nicht mehr als 100 Reichstaler angeboten. Dort wie hier mußten dann Regierung oder Landschaft die Ländereien übernehmen.

Am 30. Juni 1825 besuchte der dänische König Friedrich VI. die Insel, und der Staat erhöhte die finanzielle Hilfe, verstärkte aber auch die staatliche Aufsicht über das Deichwesen. Besondere Verdienste erwarb sich der Kapitän Petersen, der 1830 das Amt des Deichkommissares und Landschreibers antrat und – unterstützt durch das Wohlwollen des Königs Christian VIII. – mit energischem Einsatz die Verstärkung der Deiche besorgte und die Sicherung des Deichfußes mit Steindecken begann. In gleicher Weise und mit gleicher Tatkraft wirkten auch nach dem Tode von Kapitän Petersen als Deichkommissar Detlef Andresen von 1849 bis 1853, Landmann und Besitzer auch des Gutes Seegarden, und nach dessen Ableben der Kammerrat Muhl von 1853 bis 1877.

Im Schutze starker Deiche

Die Sturmflut von 1825 blieb die letzte, die über die Deiche der Insel ging. Wohl hat es später nicht an hohen Fluten gefehlt, so 1831, 1911, 1936, 1962, 1976 und 1981. Doch blieben die Schäden in überschaubaren Grenzen und der Bestand der Insel wurde nicht bedroht. Die letzten drei Sturmfluten waren nicht weniger gefährlich als die Flut von 1825, aber die Pellwormer Deiche waren so verstärkt und erhöht, daß sie standhielten.

Wie schon an anderer Stelle erwähnt, war der Deichschutz lange Zeit eine Angelegenheit jener Landeigentümer und Hofbesitzer, deren Land und Hof durch den betreffenden Deich geschützt wurde. Und entsprechend der Größe ihres Besitzes waren die Bewohner eines Kooges »deichpflichtig«. Zur Regulierung der nötigen Maßnahmen war ein eigenes Deichrecht, das »Spadelandsrecht« (Spadeland = Spatenland) geschrieben und jahrhundertelang in Gebrauch.

Im Laufe des 17. und 18. Jahrhunderts griff jedoch die Obrigkeit zunehmend in das Deichwesen ein, anfangs allerdings weniger durch finanzielle Beihilfe, sondern in Form von Beaufsichtigung und Verordnungen über die zu treffenden Maßnahmen. Am 29. Januar 1800 erließ König Christian VII. ein »Patent betreffs der einzuführenden Aufsicht über die Deiche . . . .« und Anno 1803 ein »Allgemeines Deichreglement«, dem 1830 ein »Interimistisches Deichregulativ für die Insel Pellworm« mit 30 Paragraphen folgte.

Was die dänische Regierung dann begonnen hatte, setzte nach dem Kriege von 1864 zwischen Preußen/Österreich und Dänemark und der damit verbundenen Loslösung aus dem dänischen Gesamtstaat die neue preußische bzw. deutsche Regierung zügig fort. Insbesondere wurde nun auch die Funktion der vorgelagerten Inseln als Schutz und Wellenbrecher für die Festlandsküste erkannt und zum Deichschutz erhebliche Staatsmittel gegeben, beispielsweise im Jahre 1867 zur Minderung der Landschaftsschulden und Fortführung des Steindeiches die Summe von 285 000 Mark Courant.

Trotzdem blieb noch weiterhin die Eigenbelastung der Insulaner für »ihren« Deich in gewisser Weise bestehen. Noch um 1870 mußte eine Bauernstelle von 25 ha in der Zeit zwischen Saat und Ernte an drei Tagen in der Woche ein Gespann für den Deichschutz stellen, größere Höfe entsprechend mehr und kleinere weniger. Ebenso mußten die Inselbewohner ab Ende September bis Martini die Bestickung ihrer Deichpfänder mit Stroh besorgen (zum Zwecke dieser Strohgewinnung wurde auf Pellworm relativ viel Getreide angebaut), oder im Frühjahr mit Grassoden belegen.

Gegen Ende des 19. Jahrhunderts hatte der Staat den Deichbau und Küstenschutz schon weitgehend übernommen. So konnten in den Jahren von 1896 – 98 die Steindecken auf der exponiertesten Deichstrecke vom Westerkoog bis zum Mittelsten Koog, vor der Hökhallig und um das östliche Vorland hergestellt und damit Deichfüße und Vorlandufer entscheidend gesichert werden. Die Kosten betrugen 570 000 Mark, wozu der Staat zwei Fünftel beisteuerte. In der Zeit von 1906 – 08 wurde dann in gleicher Weise der Deich des Ütermark-Kooges befestigt, und wo Priele zu dicht an das Ufer kamen, erfolgte der Bau von Buhnen.

Mehrfach sind dann in den letzten Jahrzehnten rundum oder auf Teilstrecken die Deiche erhöht worden, so nach der Hollandflut im Jahre 1953, die dort den Tod von 1 800 Menschen verursachte und neue Maßstäbe für mögliche Fluthöhen setzte. Dieser Deicherhöhung ist es sicherlich zu verdanken, daß bei der hohen Flut 1962 Pellworm in Sicherheit war. Auf Grund der Erfahrungen aus diesem Ereignis kam es dann zur Aufstellung des »Generalplanes« für Deichverstärkung, Deichverkürzung und Küstenschutz, in dessen Rahmen eine weitere Verstärkung und Erhöhung exponierter Deichstrecken, darunter auch diejenigen von Pellworm, in Angriff genommen wurde. So erfolgten streckenweise Deichverstärkungen im Jahre 1976 vor der Hooger Fähre und anschließend vor der Alten Kirche. Durch Verlegung der Deichkrone zur Seeseite und einer wesentlichen Verbreiterung der Deichbasis auf rund 80 Meter konnte bei einer Kronenhöhe von 8 m über NN (ca. 6,75 m über MThw = Mittel-Tidehochwasser) eine wesentliche Abflachung sowohl der Außen- als auch der Innenböschung erzielt werden. Abschnittsweise wurden dann insgesamt knapp 12 km Seedeichlänge auf Pellworm verstärkt. Die erstgenannte Strecke von 1,5 km kostete seinerzeit rund 5 Millionen DM. Zu diesen enormen Kosten tragen allerdings die Insulaner nur noch indirekt als Steuerzahler in entsprechend geringem Umfang bei. Eine bislang letzte Deichverstärkung erfolgte 1987/88 am Ostersiel. Wie schon erwähnt, sind der Küstenschutz und die damit verbundenen Probleme seit langem Staatsaufgabe. Und durch das Wassergesetz von 1971 ging die Unterhaltung oder Wiederherstellung von Landesschutzdeichen (nach Sturmfluten) ganz »als öffentlich-rechtliche Verbindlichkeit . . . auf das Land über«. Die Kosten solcher Maßnahmen werden somit vom Land und durch Zuschüsse des Bundes finanziert. Die Durchführung dieser Arbeiten obliegt den »Ämtern für Land- und Wasserwirtschaft«. Zuständig für Pellworm ist das ALW in Husum.

Wesentlich verändert hat sich aber auch das Bild der Deichbaustellen. Wo noch vor 100, ja noch vor 50 Jahren ein Heer von Arbeitern mit Spaten und Schubkarren tätig war, dominiert heute die Technik. Spülbagger spülen aus den Tiefs im Watt die riesigen Sandmassen auf, die von Planierraupen zur Deichform geschoben werden. Die meisten Hände beschäftigt noch der Deichfuß mit seinen Steindecken aus Basalt, Granit oder Betonformsteinen, die fugendicht aneinandergefügt werden müssen. Ein vorläufig letztes, großes Werk des Küstenschutzes ist der projektierte Bau des »Sicherungsdammes« von der Nordostspitze Pellworms zum Festlande. Dieser Damm mit massiver Steindecke, bis etwa 3 m über NN liegend und damit bei Stürmen überflutbar bleibend, soll den Flutraum der Süderaue und des Norderhever verkleinern und den sich zunehmend verstärkenden Abtrag von Wattboden durch diese beiden mächtigen Ströme unterbinden.

Alte Kirche – Wahrzeichen der Insel
Wegweiser überm Wattenmeer

Die Kirchen auf Pellworm

Die »Alte Kirche«

Weithin sichtbar über Inseldeich und Wattenmeer und hoch und klar im hellen Himmel stehend, erhebt sich die braunrote Turmruine der »Alten Kirche« als Monument einer glaubensgewaltigen Zeit und als das älteste und wohl auch berühmteste Bauwerk in Nordfriesland – obwohl es eben nur noch eine Ruine ist! Oder gerade deshalb, weil Ruinen fast immer ihre eigene, bewegte Geschichte haben.

So, wie heute, steht sie seit dem Jahre 1611, als die östliche Turmhälfte plötzlich in sich zusammenfiel. Darüber hat der Chronist Anton Heimreich das Nachstehende berichtet: »Es ist aber der Turm Anno 1611 den 5. April Morgens zwischen 6 und 7 Uhr an der Ostseite ganz eingerauset und hat ein gut Theil der Kirche mit zerschlagen. Doch ist die Spitze stehengeblieben, bis sie zur Verhütung fernerer Gefahr auf des Herzogs gnädigen Consens den 9. Mai mit zwei Kröpelwinden heruntergewunden wurde.« Bei dieser Spitze soll es sich um ein Helmdach gehandelt haben, und Turm und Dach sind nach Ansicht des Provinzialkonservators Richard Haupt zusammen fast 60 Meter hoch gewesen, eine Annahme, die auch durch Heimreich bestätigt wird, der eine Höhe von 100 Nordstrander Ellen angibt. Dies wäre allerdings in der flachen, weitsichtigen Küstenlandschaft ein ganz ungewöhnlich hohes Gebilde, auch in der Proportion zum Kirchenschiff! Die heutige Ruine ist etwa 26 m hoch.

Die Ursache des plötzlichen »Einrausens« blieb ungeklärt. Vermutlich hat der Untergrund dem gewaltigen Gewicht der bis zu 2,70 Meter dicken Mauern nicht standgehalten. In Zeiten, als der Turm noch unversehrt war, hat er nicht immer nur frommen Zwecken gedient. So kam beispielsweise im Jahre 1452 der aus Dithmarschen stammende See- und Landräuber Kort Wiederick mit etwa 50 Mann, überfiel und plünderte die Pellwormharde, hauste eine Weile im Turm und stahl dann beim endlichen Abzug die metallene Taufe, die er dann zu seinem späteren Seelenheil der St. Clemens-Kirche zu Büsum stiftete. Über diese Heimsuchung hat der Büsumer Prediger Necorus geschrieben, daß »Kort Wiederick Ao. 1452 den Torn tho Pillworm ingenamen und ein gantz Jahr mit Gewalt ingehat und uth det Land geföret 8 000 Mark in barem Gelde und 7 vorgulde Kelche und 8 vergulde Dische

Die Arp Schnitker-Orgel, zu alter Klangkraft restauriert

Der Altaraufsatz in der Apsis der »Alten Kirche«

und eine kopperne Döpe, steit noch tho Busen in der Kerken, dar up steit noch gegraven Pelworm dußen heutigen Dach.« Und Anno 1607 kamen etwa 300 Tataren bzw. Zigeuner nach Pellworm und blieben, weil das Watt zufror, den ganzen Winter dort, handelten mit Kesselflicken und Wahrsagerei und zogen im Frühjahr wieder ab, zuvor eine alte Frau, die nicht mehr mitgehen konnte, lebendig auf dem Friedhof begrabend. Als Wohnung war den Zigeunern der Turm zugewiesen worden.

Seit dem Einsturz steht die Turmruine frei vor dem Kirchenschiff, braunrot und mit Verwitterungsspuren übersät. Das rote Ziegeldach und die weißgekachelten Mauern des Kirchenschiffes bilden zusammen mit der Ruine eine ästhetische Architektur, wie sie in der Gegenwart kaum noch gestaltet wird.

Heimreich zufolge ist der Grundstein zum Turm- und damit auch zum Kirchenbau auf Urbani Anno 1095 gelegt. Damit wäre die »Alte Kirche«, die eigentlich den Namen des Schutzheiligen St. Salvator trägt, die nachweislich älteste Kirche in Nordfriesland. Bis zum Bau der »Neuen Kirche« im Jahre 1528 gehörte die ganze, innerhalb der großen Insel Alt-Nordstrand liegende Harde Pellworm, in etwa das Gebiet der heutigen Insel, zum Kirchspiel »St. Salvator«. Vermutlich sind Turm und Kirche jedoch zunächst, wie überall bei den ersten Kirchenbauten nach der Christianisierung des Nordens, aus Holz gewesen. Baumaterialien und Bauformen der noch vorhandenen Baukörper weisen nämlich erst auf spätere Zeiten hin. An der Turmruine sind noch deutlich die Geschosse und Gewölbeansätze sowie die klassizistischen Giebelfelder eines ehemaligen, sich nach Westen öffnenden Portals zu erkennen.

Das Kirchengebäude besteht aus einem mit wuchtigen Mauern aufgesetzten Schiff mit eingezogenem, rechteckigen Chor und gerundeter Apsis. Letztere sind romanisch und dürften gegen Ende des 12. Jahrhunderts entstanden sein. Sie wurden 1913 ganz erneuert, wobei die Apsis wieder die ursprüngliche Bleibedachung erhielt. Neben Obernkirchner Sandsteinen und rheinischen Tuffsteinen im Klosterformat, wurde zum Mauern der sehr fest werdende Muschelkalk verwendet. Das heutige Kirchenschiff ist vorwiegend aus Backsteinen im Klosterformat gebaut. Durch das gotische Türportal im Süden tritt man in die Alte Kirche ein und erblickt gleich zur linken, auf der Orgelempore eines der bemerkenswertesten Stücke des Kircheninventars – eine Orgel von Arp Schnitker gebaut, eine der wenigen, die im nordelbischen Raum aus der Hand dieses Meisters noch vorhanden sind. Nachdem die erste Orgel von 1525 für 100 Reichstaler 1710 nach Ostenfeld verkauft war, wurde ein Jahr später, 1711, nach vorheriger Errichtung der Empore dieses wertvolle Instrument hier eingebaut. Es hat einen neunteiligen Prospekt und ist an den Seiten mit dem Gerank von Akanthusschnitzerei geschmückt. In jüngerer Zeit ist die Orgel mehrfach restauriert, doch zum Teil noch im Originnal und mit der ursprünglichen Disposition erhalten geblieben. Sie begleitet mit ihrem Klang Gottesdienste und andere Kirchenhandlungen und ertönt zu sommerlichen Orgelkonzerten.

Auf der anderen Seite des Kirchenschiffes, in der Ostecke, fällt ein schrankartiger, mit Schnitzwerk versehener Beichtstuhl auf, dessen oberer Gebälckwulst in goldener Frakturschrift die Namen jener Pellwormer und Süderooger Einwohner nennt, »die diesen Beichtstuhl haben machen und (der Kirche) verehrt Anno 1691.« Seine Existenz weist darauf hin, daß auch nach der Reformation, die sich in Nordfriesland in der Zeit zwischen 1522 bis 1530 durchsetzte, die Beichte in der evangelischen Kirche durchaus üblich war.

Viel weniger Aufsehen macht dagegen die Kanzel in der Südostecke des Kirchenschiffes. Sie stammt aus dem Jahre 1600 und zeigt in vier Rundbogenfeldern die gemalten Halbfiguren der Evangelisten. Gemessen an der seinerzeitigen Bedeutung der Alten Kirche und ihrer sonstigen Ausstattung, ist die Kanzel fast kunstlos und überaus schlicht.

Zum Chor hin öffnet sich das Kirchenschiff mit einem Triumphbogen, in den ein Balken eingezogen wurde, der ein Kruzifix aus dem Anfang des 16. Jahrhunderts trägt. Blickpunkt aber ist der, fast die ganze Apsis füllende lübische Altar, eine Arbeit aus der zweiten Hälfte des 15. Jahrhunderts. Der Aufsatz trägt beiderseits ein doppeltes Flügelpaar und zwei weitere Flügel auf dem überhöhten Mittelschrein. Die Figuren darin zeigen links Anna selbdritt mit der stehenden Maria und rechts den sitzenden Andreas. Mittelschrein und Seitenflügel, oben mit Maßwerkbaldachinen verziert, präsentieren vor goldblanker Rückwand sieben Passionsszenen: Gethsemane, Gefangennahme, Christus vor Pilatus, Kreuzigung, Geißelung, Kreuzabnahme und Grablegung. Auf der Predella unter dem Altaraufsatz befindet sich ein Gemälde, die Nachbildung von Leonardo da Vincis »Abendmahl«. Sind die Innenflügel mit den Figuren geschlossen, werden auf deren Rückseiten sowie auf den Vorderseiten des zweiten Flügelpaares je vier, insgesamt also 16 gemalte Szenen aus dem Leben Jesu sichtbar. Weitere Malereien meist allegorischen Inhalts, befinden sich auf den Rückseiten des zweiten Flügelpaares. Alle Gemälde werden mit Herman Rode und Dirk Bouts in Verbindung gebracht.

Als nach der großen Sturmflut von 1634 auf Alt-Nordstrand 19 Kirchen zerstört und aufgegeben wurden, verteilte bzw. verkaufte man deren Inventar an mehrere Kirchen im Raum Nordfriesland. Einiges davon kam auch in die Pellwormer Gotteshäuser, so die Bronzetaufe im Chor der Alten Kirche, die vorher in der Kirche zu Buphever stand. Sie wurde 1475 von Hinrich Klinghe gegossen, und zwar als Stiftung des Stallers Laurentz Leve, der vom König Christian I. ein Ritterprivileg erhielt, verbunden mit dem Recht, ein Adelswappen führen zu dürfen. Dieses Wappen, ein Schild mit gekreuzten Schwertern, ist neben anderen figürlichen Darstellungen auf der Taufe abgebildet. Vom gleichen Stifter stammt auch ein Abendmahlskelch von 1466.

Nach dem Einsturz des Turmes wurde ein hölzerner Glockenstapel gebaut, der aber 1783 mitsamt allen Gebäuden auf der Kirchwarft einer Feuersbrunst zum Opfer fiel. Nun erhielt die Kirche in einem Dachreiter auf der Ostspitze eine kleine Glocke mit Anschlaghammer – bis zum Bau des neuen, heutigen Glockenstapels im Jahre 1977, dessen Glocke den Refrain des Hansen'schen Pellwormliedes: »Herr, hol Dien Hand – in See und Storm, Herr, schütz Pellworm« trägt.

Bei einem Rundgang entdeckt man an den Außenmauern der Kirche und am Fuß der Turmruine noch verschiedene alte Grabplatten, deren Inschriften und Darstellungen nur noch teilweise zu erkennen sind. Von besonderem Interesse ist der Stein mit einer stehenden Frau, um Anno 1577 der Familie Knuth Tamsen zugehörig. Dieser Stein bzw. die Frauengestalt darauf war Vorbild für die Rekonstruktion der Nordstrander und Pellwormer Tracht.

Sturmfluten bedrohen nicht nur Deiche, Inseln und Halligen, sondern auch Menschenleben draußen auf See. Davon zeugt der eigenartige Friedhof unter der Turmruine, »Friedhof der Namenlosen« genannt. Und namenlos sind sie fast alle, die Seefahrer, die als Ertrunkene am Deich der Insel oder draußen auf Süderoog-Sand, in dessen Brandung viele Schiffe scheiterten, gefunden sind und deren Namen und Herkunft nicht mehr zu klären war. Seit der Einrichtung dieses Friedhofes im Jahre 1895 haben 36 Tote unter den schlichten Fliesen mit Kreuz und Funddatum auf dem kleinen, symbolisch mit Muschel-

Gedenkstein
des Wikingerschiffes
»Ormen Friske«

Auf muschelbestreutem Feld liegen die Grabfliesen des Heimatlosen-
Friedhofes unter der Pellwormer Turmruine

schalen bestreuten Feld, ihre Ruhestätte gefunden. Am Rande ein Gedenkstein mit folgender Inschrift:

Heimat für Heimatlose

Offb. 20,13
Das Meer gab die Toten
die darinnen waren

Errichtet 1895

Ein zweiter, höher hinauf in den Warftrasen gesetzter Stein trägt nicht nur ein Datum, sondern auch die Namen von 15 jungen Schweden, die in jahrelanger Arbeit ein Wikingerschiff original nachgebaut hatten und im Juni des Jahres 1950 aufbrachen, um ihr Schiff auf der Weltausstellung von Paris und später in England zu präsentieren. Nordwestlich von Helgoland gerieten sie am 22. Juni in einen, für die Sommerzeit ungewöhnlich starken Sturm. Das Schiff »Ormen Friske« (Die mutige Schlange) zerbrach und alle ertranken. Von den fünfzehn Toten trieben fünf an und wurden auf dem Namenlosenfriedhof begraben. Von zwei weiteren wurden viel später, im September 1954, Reste am Strand von Amrum gefunden und auf dem dortigen Namenlosenfriedhof bestattet.

Unmittelbar nach dem Unglück fischte der Pellwormer Fischer Nikkels Liermann nahe Süderoogsand das Heckteil der »Ormen Friske« auf, schleppte es nach Pellworm und stellte es auf der Tammwarft bei seinem Hause auf, wo es jahrelang eine Attraktion war, bis es bei einem Sturm im September 1978 zusammenfiel. Das Mittelteil des Wikingerschiffes wurde bei Amrum, der Bug vor Hörnum gefunden.

Die »Neue Kirche«

Liegt die »Alte Kirche« mit ihrer Turmruine hoch und beherrschend weithin sichtbar über Insel und Meer, so versteckt sich die »Neue Kirche« im Großen Koog, etwa in der Inselmitte liegend, rundum von hohen Bäumen verhüllt.

So »neu« wie ihr Name ist dieser äußerlich einfache und turmlose Kirchenbau aber nicht! Ihr Ursprung geht noch bis in die katholische Zeit zurück. Als nämlich im Jahre 1504 der Staller Wunke Knutsen

Die »Neue Kirche«, von hohen Bäumen umhüllt

Der figurenreiche Altaraufsatz, ursprünglich zur versunkenen Kirche von Ilgroff gehörend

geadelt wurde, entstand im sonst nahezu adelsfreien Nordfriesland das Gut »Seegard« und darin, wie es bei Herrschaftsleuten damals nicht unüblich war, eine Hauskapelle, genannt »Zum Heiligen Kreuz«. Im Jahre 1517, also wenige Jahre vor der Reformation, beantragte der Hofbesitzer die Verlegung dieser Hauskapelle nach einer Warft »de Wisch« und erhielt für dieses Vorhaben den Segen des letzten katholischen Bischofs Gottschalk von Ahlefeld. Bevor es zur Ausführung des Planes kam, begann in Nordfriesland die Auseinandersetzung zwischen dem »Papsttum« und der »Neuen Lehre Luthers«, die mit dem völligen Sieg der Reformation endete. In dieser Zeit der schwankenden Glaubenswege dachte sicherlich niemand an einen Kirchenbau. Und erst 1528 meldet die Chronik, daß »die Klene Kerke to Pillworm ist angefangen to Buen, durch Verlag des Ehrenfesten Jochim Leving (Lewe), Staller Wumgke Knutse(n), Harre Bansen und Fedder Hansen«. Das dazu gehörende Land mit einer Größe von 9 Demat (ca. 4,5 ha) und der Warftstelle hatte Wumbke (Wunke) Knutsen geschenkt, eine Handlung, die nach dem Tode des Stallers von seiner Witwe erfolglos vor Gericht angefochten wurde. Der Prozeß soll 1528 gewesen sein, und das bedeutet, daß der Staller Wunke Knutsen sehr bald nach der Vollendung des Kirchenbaues starb, ja, die Fertigstellung und Einweihung vermutlich gar nicht mehr erlebt hat.

Dank der zentralen Lage hielt sich nun ein großer Teil der Insulaner zur »Neuen Kirche«, betrug doch der Weg von der östlichen Inselhälfte bis zur »Alten Kirche« mit Hin- und Rückweg 10 – 15 Kilometer, und das war bei Wind und Wetter nicht gerade ein Sonntagsvergnügen. Doch wurden noch fast hundert Jahre lang alle diesbezüglichen Abgaben an die »Alte Kirche« bezahlt, und diese sorgte auch für die Unterhaltung und für die Prediger der »Neuen Kirche«, die zunächst den Charakter einer Kapelle behielt.

Aber als dann im Jahre 1622 anstelle der Kapelle ein größeres Gotteshaus errichtet werden mußte, erhielten die Bewohner des Alten-, Mittelsten- und Westerkooges durch Herzog Johann d.A. die Zusicherung, von jeglicher Kostenbeisteuerung zum Bau der neuen Kirche frei zu sein.

Nach einem Inventarverzeichnis bestand diese 1622 errichtete Kirche aus Chor und Schiff, letzteres wie bei allen Kirchen in Nordfriesland mit einer Norder- und Südertür. An den Ecken wurden die Mauern durch oben auslaufende Steinpfeiler gestützt, die an der Ostmauer noch heute vorhanden sind. Zwischen den Pfeilern an der Westwand

befand sich ein »Beinhaus« mit den Skelett- und Schädelresten, die
beim Graben neuer Gräber auf dem Warftfriedhof rund um die Kirche
zutage kamen. Östlich der Kirche stand ein hölzernes Glockenhaus,
zuletzt mit einer 1783 gegossenen Glocke, die folgende Inschrift trug:
»Anna bin ick geheten – de von Pellworm hebben mi laten geten – to
Hamburg Anno 1783«.

Das heutige Bild der »Neuen Kirche«, sowohl innen wie außen,
stammt aus dem Jahre 1867. Das Beinhaus verschwand und die West-
front erhielt ein Portal mit Treppengiebel, der Uhr und Glocke trägt.
Nord- und Südwand wurden mit je vier Spitzbogenfenstern versehen.
Im Innenraum verschwand die Deckenbemalung mit biblischen Szenen, die einst der Ratmann Edleff Lorenzen gestiftet hatte, und 1870
konnte mit den Spenden von 65 Gemeindegliedern und der Pellwormer Spar- und Leihkasse eine Orgel angeschafft werden.

Wie schon erwähnt, wurde das Inventar der bei der Sturmflut 1634
zerstörten Alt-Nordstrander Kirchen in andere Kirchen gebracht.
Dies gilt ganz besonders für die heutige Ausstattung der »Neuen Kirche«. Der Beichtstuhl an der Nordwand stand vorher in der versunkenen Kirche zu Osterwohld. Und die Kirche zu Ilgroff lieferte neben einem Epitaph, einem Bild mit der Kreuzgruppe von hohem künstleri-
schen Wert, und der Kanzel von 1638 mit dem plattdeutschen Bibel-
vers aus dem 2. Korintherbrief, den figurenreichen Altaraufsatz, den
schönsten und wertvollsten hier im Lande.

Das aus der Zeit um Anno 1520, vermutlich von einem Nachfolger
des Claus Berg stammende Werk, ist über 2,50 m hoch und mehr als
5,30 m breit. Es enthält in dreißig Feldern Apostel, Päpste, Bischöfe,
Heilige, Anna selbdritt, Gertrud mit einem Kirchenmodell sowie Szenen aus der Leidensgeschichte Christi, im großen Mittelfeld die Kreuzigung. Zwei weitere Fächer mit Statuen der Anna selbdritt und Maria
enthält die Predella unter dem Altaraufsatz. Zwei Einwohner von
Pellworm, Dorothea Hansen und Heinrich August Bandixen, gaben
im Jahre 1940 das Geld für die Restaurierung, und der Altar erstrahlte
wieder in seiner ursprünglichen Bemalung mit den Farben Gold, Rot
und Blau.

Erwähnenswert ist auch der Taufstein aus Namurer Marmor. Er
trägt das Jahr der Stiftung Anno 1587 sowie Namen und Wappen der
Stifter: Claws Meinstorp und Vor (Frau) Ide Meinstorp, die seinerzeit
auf dem Adelsgut Seegard wohnten.

Zugehörig zur »Neuen Kirche«, aber auf einer eigenen Warft, liegt als stattliches reetgedecktes Friesenhaus das frühere Pastorat, das heutige »Anton-Heimreich-Haus«, das vielfältigen Gemeindezwecken dient.

Das katholische »Momme-Nissen-Haus«

Im Gegensatz zur Nachbarinsel Nordstrand, wo infolge der Einwanderung von niederländischen Partizipanten und Deichbauarbeitern vorwiegend katholischen Glaubens seit etwa 1650 ein mehr oder weniger reibungsloses Nebeneinander verschiedener Kirchen und Religionsgemeinschaften (evangelischen, römisch-katholischen und jansenistisch- bzw. altkatholischen) herrscht, waren seit der Reformation die Einwohner von Pellworm fast ausschließlich Lutheraner. Daran hat sich bis heute wenig geändert. Nur wegen der Katholiken unter den sommerlichen Inselbesuchern gibt es seit Juli 1978 auch auf Pellworm, im Großen Norderkoog, eine katholische Kapelle.

Die Kapelle befindet sich im »Momme-Nissen-Haus«, einem ehemaligen Bauernhof, der zum Zwecke der Urlauberseelsorge mit Hilfe der zugehörigen Kirchengemeinde St. Knud auf Nordstrand, des Bonifatiuswerkes in Paderborn und des Bistums Osnabrück erworben und unter Bewahrung der inselfriesischen Architektur entsprechend ausgebaut wurde. Am 16. Juli 1978 erfolgte die Einweihung und Benennung nach dem nordfriesischen Dominikanermönch und Päpstemaler Momme Nissen (geboren 1870 in Deezbüll, 1902 zum katholischen Glauben konvertiert, 1916 Eintritt in den Dominikaner-Orden, gestorben 1943 in der Schweiz), einem Neffen des bekannten Heimatmalers Carl Ludwig Jessen.

Die künstlerische Ausgestaltung des Kapellenraumes lag in den Händen des holländischen Professors Franz Griesenbrock. Als Motiv für das Altarbild wurde ein Schiff mit Petrus und den anderen Aposteln gewählt. Besonders eindrucksvoll sind auch die 14 Fenster mit Motiven, die Bezug zur Geschichte von Alt-Nordstrand, insbesondere zur Sturmflut des Jahres 1643 und den dabei untergegangenen Kirchen und deren Namenspatrone haben. Eines der Fenster, das achte, zeigt symbolisch ein Paar in der Tracht des 17. Jahrhunderts, den holländischen Partizipanten Indervelden nebst Gattin. Ersterer war Leiter der Wiederbedeichungsmaßnahmen nach der großen Flut.

Fensterbilder über den Untergang von Alt-Nordstrand in der Kapelle
– und das »Momme Nissen-Haus« der katholischen Gemeinde St.
Knud

Die Insel der Bauern

Pellworm ist eine fruchtbare Insel und eine Insel der Bauern. Deichhänge mit hineingetupften weißen Punkten weidender Schafe, grüne Weiden mit schwarzbuntem Niederungsvieh, Felder mit im Seewind wogendem Korn und stattliche, auf hohen Warften liegende Gehöfte, prägen das Landschaftsbild von Pellworm.

»Die Einwohner nähren sich zur Hauptsache von Viehzucht und Ackerbau«, heißt es in einer Beschreibung dieser Insel um 1900. Die Größenverhältnisse der einzelnen Bauernhöfe lagen seinerzeit zwischen 20 und 40 Hektar. (Um 1850 gab es noch 12 Höfe mit einem Landbesitz von 100 – 200 ha!) Doch sind die Höfe durch Verkauf und Erbteilung inzwischen verkleinert worden.

Eine Bestandsaufnahme im Jahre 1905 ergab 420 Gehöfte und Häuser mit Nebenerwerbslandwirtschaft. Diese Zahl entsprach in etwa den insgesamt vorhandenen Gebäuden, so daß also sozusagen jedes Haus in größerem oder geringerem Umfang mit Viehhaltung und Akkerbau zu tun hatte. Der Viehbestand betrug 215 Pferde, knapp 3100 Stück Rindvieh, reichlich 2380 Schafe sowie 430 Schweine, etliche Ziegen und einiges an Geflügel. Von den 3200 ha der landwirtschaftlichen Nutzfläche wurden 1159 ha als Acker, 140 ha als Heuwiesen und 2138 ha als Weideland genutzt. Darin eingeschlossen war die knapp 270 ha große Fläche des im Norden und Nordosten liegenden Vorlandes der Hökhallig, Norderhallig, Bophever-Langeland (das 1938 als heutiger Buphever-Koog eingedeicht wurde) und das Vorland bei Tammensiel, die sogenannte Junkershallig. Der Reinertrag auf Ackerland betrug eben nach der Jahrhundertwende 45,48 Mark, auf Weideland 39,80 Mark.

Ungeachtet neuerer Erwerbszweige, wozu vor allem der Fremdenverkehr gehört, hat die Landwirtschaft auch in der Gegenwart ihre Bedeutung behalten, wenn auch die Zahl der Beschäftigten infolge der Mechanisierung zurückgegangen ist. Beispielsweise waren von den reichlich 600 Erwerbstätigen unter den 1500 Einwohnern von Pellworm im Jahre 1970 nur noch rund 300 in der Landwirtschaft beschäftigt.

Ende der 1970er Jahre wurden 127 landwirtschaftliche Betriebe, einschließlich der Nebenerwerbstellen ermittelt, davon 9 mit über 50 ha, 39 mit 30 – 50 ha, 46 mit 10 – 30 ha, 26 mit 2 – 10 ha und 7 mit bis zu 2 ha. Als Ackerland wurden 773 ha genutzt, wobei hauptsächlich Weizen (403 ha) zum Anbau kam, gefolgt von Gerste, Raps, Hafer und Futterrüben. Die Ernteerträge an Weizen betragen pro Hektar durchschnittlich 78 dt, an Gerste 71 und an Hafer 63 dt.

Wie schon erwähnt, ist die Pellwormer Landwirtschaft inzwischen weitgehend vollmechanisiert, und es gehört zum Bild der Erntestimmung, wenn im Hochsommer die Luft voll von den Geräuschen moderner Mähdrescher ist, die in allen Kögen der Insel ihre Bahnen durch die reifen Getreidefelder ziehen.

Die Nutzfläche des Grünlandes betrug 1977 2 384 ha. Hier wurden von 109 Betrieben 5 722 Stück Rinder, davon 1 640 Milchkühe gehalten. Beachtlich ist auch die Zahl von 1 133 Mastschweinen, verteilt auf 17 Betriebe. Zehn davon hatten insgesamt 77 Sauen für den Nachwuchs im Stall. Und 78 Schafhalter und –züchter ließen im genannten Jahr 1977, vorwiegend auf dem Deich, etwa 1 740 Schafe weiden, die sich im Frühjahr pro Mutterschaf mit durchschnittlich 1,5 Lämmern vermehren. Vorwiegend handelt es sich um Texel-Schafe, die 1963 aus Holland eingeführt wurden. Etwa 200 dieser Schafe sind eingetragene Zuchtschafe, registriert beim Landesverband Schleswig-Holstein. Neben ihrer Rolle als Woll-, Fleisch- und Milchlieferant spielen Schafe bekanntlich auch für den Deichschutz eine große Rolle. Sie treten die Böschungen fest und halten durch die Beweidung die Grasdecke auf Rasendichte. Erwähnenswert ist, daß Pellwormer Bauern mit den Fähren ihrer Fährgesellschaft NPDG sogenanntes »Pensionsvieh« zum gräsen zu den Halligen befördern und im Herbst zurückholen, im Jahre 1977 beispielsweise 250 Stück. Ebenso treten alljährlich etliche Rinder und Schafe von Pellworm aus der Marsch durch das Wattenmeer zur Hallig Süderoog an und werden nach der sommerlichen Weide auf dem gleichen Wege zurückgeholt.

Im Jahre 1904 wurde im Großen Koog eine Privatmeierei errichtet, die bis 1971 im Besitz der Familie Bock blieb. Da der letzte Eigentümer kinderlos war und sich kein Nachfolger fand, kaufte Paul Rücker das Unternehmen. Noch bis Mitte der 1980er Jahre wurden jährlich über 8 Millionen kg Milch von 1 600 Kühen durch 77 Milchlieferanten eingesammelt und zu Käse und Butter verarbeitet. Dann wurde 1987 im Zuge der Zeit und der Zentralisierung die Meierei geschlossen, und seitdem wird die Milch von Pellworm dreimal wöchentlich per Tankwagen zur Meierei in Oldenburg befördert.

Hof im Großen Koog

Hof im Großen Koog

Hof im Süderkoog

Hof im Hunnenkoog

Getreideernte auf Pellworm – Mähdrescher ziehen Bahn um Bahn

Weidendes Vieh prägt das grüne Land zwischen den Höfen

Ein besonderes Problem der Pellwormer Landwirtschaft ist die
»Verkehrsferne«. Frachtkosten für Maschinen, Brennstoffe, Kunst-
dünger, Saatgut usw. sowie die Ausfuhr der landwirtschaftlichen Produkte belasten jeden Hektar Nutzfläche mit rund 115,– DM.

Seegarden

Auf halbem Weg von Tammensiel zur Neuen Kirche liegt eine große
Warft, nach Südwesten hin von einem Bestand windgeschorener
Bäume geschützt – darauf ein stattlicher Bauernhof, Seegarden, früher auch gelegentlich »Junkershof« genannt. Der »Junker« bezieht
sich auf die seinerzeit geadelten Besitzer des Hofes, der Name »Seegard«, auch »Seegaard« und »Seegaarden« geschrieben (Gaard heißt
auf dänisch Hof), soll von den niedrigen, im Winter oft unter Wasser
stehenden Wiesen rings um die Warft stammen, wenn die Warft wie
eine Insel wirkte.

Im Jahre 1962 wurde der alte Hof abgebrochen und durch den heutigen, modernen Bau ersetzt. Die altertümlichen Formen und Fassa-
den, das uralte, wuchtige Gebälk des Dachbodens und das großflächige
Reetdach verschwanden – nur Geschichte und Legenden sind geblieben.

Nordfriesland hat in früheren Jahrhunderten nur wenige Adels-
leute gekannt. Die gemeinsame Deichpflicht aller Landeigentümer in
den Kögen an der Nordseeküste und auf den Marscheninseln ließ
kaum Standesunterschiede zu. Dennoch wurden immer wieder einzelne Männer wegen ihrer Verdienste oder wegen ihrer Stellung vom
obersten Landesherrn, dem dänischen König, geadelt oder mit Privi-
legien bedacht, und einer dieser in den Adelsstand erhobenen Persön-
lichkeiten war der Staller Wunke Knutsen auf dem Hof Seegarden. Er
hatte im Jahre 1500 das Staller-Amt erhalten und wurde am 3. April
1504 geadelt, eigenartigerweise! Denn sein Vater und Vorgänger im
Amte, »ein gewaltiger und ansehnlicher Mann im Strande«, hatte sich
Anno 1472 mit dem Grafen Gert von Oldenburg gegen König Christian I. verschworen. Doch der König wurde gewarnt und zog mit seiner Kriegsmacht nach Husum, wo sich die Rebellen verschanzt hatten. Graf Gert – übrigens ein Bruder des Königs – konnte fliehen,

während der Strander Staller Edelff Knutsen mit einigen Getreuen in Gefangenschaft geriet und einem furchtbaren Strafgericht überantwortet wurde. Der dänische Geschichtsschreiber Pontoppidan berichtet, daß der Scharfrichter den Staller auf ein Brett festband, ihm das Herz aus der Brust schnitt »und ihm damit aufs Maul geschlagen, sprechend: Sieh da, dein verräterisches Herz! Darnach ward er in vier Stücke zerhauen und auf vier Räder gelegt, Sein Tochter-Mann nebst vielen anderen vornehmen Leuten aus dem Strande wurden enthauptet . . .« Andere Husumer Bürger, welche die Verschwörung unterstützt hatten, mußten Häuser und Güter abgeben, und 140 Häuser der Stadt wurden mit einer »Rebellensteuer« belegt, die sie nicht weniger als 400 Jahre, bis 1873, alljährlich bezahlten.

König Christian I. starb 1481, und sein Nachfolger, König Johann versöhnte sich mit den Nachkommen des Rebellen und ließ, wie erwähnt, Wunke Knutsen (der möglicherweise nicht ein Sohn des hingerichteten Edlef Knutsen, sondern dessen Enkel war, worauf die patronymische Namensfolge: Knutsen – Edlefsen – Knutsen hinweist) im Jahre 1504 durch Herzog Friedrich adeln. Anno 1518 kam es jedoch zum Streit zwischen Herzog und Staller und letzterer erhielt seine Entlassung. Er starb 1527.

Wie schon an anderer Stelle berichtet, hatte er zu seinen Lebzeiten der Kirche eine Warft und 9 Demat Land für den Bau einer Kapelle, dem Vorläufer der »Neuen Kirche«, geschenkt. Diese Schenkung wollte die Witwe nun rückgängig machen, doch sie verlor den Prozeß. Den Hof Seegarden erhielt der Sohn Hans Wunkesen, der bald darauf von seinem Bruder Knut, dem Hofherren auf der »Guurde«, erschlagen wurde. Um diesen Brudermord hat sich die nachstehende Sage gebildet:

»Knut Wunkesen rüstete sich für einen Kriegszug, seine schöne Braut der Obhut seines Bruders überlassend. Als sich nach einiger Zeit das Gerücht verbreitete, Knut sei im Krieg gefallen, verlobte sich die Braut mit dem Bruder Hans. Bald wurde auf dem Hof ein großes Hochzeitsfest veranstaltet, aber gerade am Hochzeitstage kehrte der Krieger zurück, ritt spornstreichs nach Seegarden und trat dort mitten in die fröhliche Festlichkeit. Mit einem Blick die Situation erfassend, zog Knut sein Schwert und erstach den Bruder. Anschließend floh er, verfolgt von wütenden Feinden, nach seinem Hof »Guurde« und verschanzte sich da. Der Hof wurde jedoch niedergebrannt und der Brudermörder erschlagen . . . Die Stelle, wo Hans Wunkesen starb, wurde noch bis in die Gegenwart hinein gezeigt, denn immer wieder kam dort ein Blutfleck zutage, der sich nicht abwaschen ließ . . .«

Wahr ist wohl, daß der Brudermord geschehen ist, aber kaum in Zusammenhang mit der erwähnten Hochzeit, da Hans Wunkesen verheiratet war und Nachkommen hatte. Der Brudermörder ist auch nicht erschlagen worden, sondern nach Dänemark geflohen, hat sich dort verheiratet und nachweislich noch drei Söhne, Peter, Torluf und Knut gehabt, die 1580 als Teilnehmer eines Huldigungsaktes verzeichnet sind.

In einer »Geschichte des nordfriesischen Adels« schreibt Dr. Goslar Carstens, daß das Gut Seegarden auf die einzige Tochter von Hans Knutsen, mit Namen Ide, überging und diese in kinderloser Ehe mit dem adligen Claus Meinstorp verheiratet war. Hingegen berichtet der Prediger und Chronist Petreus, der von 1565 bis 1605 Pastor an der Kirche zu Odenbüll war, daß der »ehrbare Clauß Meinstorp, so sich in Pellworm niedergelassen und eines Edelmannes Tochter, Iden Knut Wonningsen (Wunckesen) zur Ehe genommen, an Stelle von Peter Nickelsen zum Staller gewählt wurde und dieses Amt mit Bescheidenheit und Fleiß verwaltete. Nachdem nun 8 Jahr verflossen, von Ao. 1576 bis 1583, ist er abgedankt . . .« Und 1596 haben er, seine Hausfrau Ida und der einzige Sohn Jacob Meinstorp »der Welt Gute Nacht gesagt«.

Auch hier gibt es also Daten, die nicht miteinander übereinstimmen. Wenn Ide die Tochter von Hans Wunckesen war, hatte sie nicht Knut als Vaternamen. Möglicherweise sind hier die Namen der beiden Brüder verwechselt, oder Ide ist erst eine *Enkelin* von Hans Wunckesen, wofür die Zeitangaben sprechen. Die Ehe mit Claus Meinstorp war demnach auch nicht kinderlos, doch scheint es, als ob alle drei, die Eltern und der Sohn Jacob zur gleichen Zeit gestorben sind, was damals infolge Seuchen nicht selten vorkam. Von den späteren Bewohnern ist der Staller August von Bestenborstel bekannt. Er starb als letzter Staller Pellworms im Jahre 1647 auf Seegarden.

Im Jahre 1664 kam das Gut zu dem neben umfangreichem Landbesitz noch Häuser auf dem Pellwormer Mitteldeich (»Junkers-Mitteldeich«), Land und Gebäude auf der Ketelswarft von Hallig Langeneß und eine eigene Gerichtsbarkeit über die zum Gut gehörenden »Unterhörigen« zählten, durch Verkauf des Eigentümers *Juel* in den Besitz der Familie von Thienen auf Maasleben und Kühren. Doch schon 1678 ist ein Magnus von Wedderkopf neuer Hofherr. Anno 1768 und

1807 werden dann die Familien Bahnsen bzw. Tetsen als Eigentümer genannt.

Die große Sturmflut von 1825 scheint dann das Gut so schwer belastet zu haben, daß sich ein Konkurs anbahnte. Zu dieser Zeit gehörten noch 116 Einwohner, Gutsleute, Arbeiter und Kätner in den auf Gutsgrund stehenden Häusern als »Unterhörige« sowie rund 135 Demat Land zu Seegarden. Um den Zerfall des Gutes zu vermeiden, kaufte die Landschaft Pellworm das Gut für nicht mehr als 300 Mark Courant. In einer Beschreibung dazu heißt es: »Das adlige Gut liegt . . . in der Nähe des Hafens, mithin günstig für den Absatz aller Produkte . . . Husum, Ockholm und Eiderstedt sind resp. 4, 3 und 2 Meilen von der Insel entfernt, und können daher von diesen Örtern her Bedürfnisse leicht bezogen werden. Das Gut hat alle adligen Freiheiten . . . namentlich eigene Gerichtsbarkeit, Zoll- und Stempelpapierfreiheiten . . . Die Gutsländereien sind schwerer Marschboden, bestehend aus 127,5 Demat Hochland und 1,5 Demat Leegland. Auf Ketelswarft von Hallig Langeneß stehen mehrere der Guts-Gerichtsbarkeit unterworfene Häuser, welche Grundstücks- und Stätegeld an das Gut bezahlen. Das Gut ist dem neuen Kirchspiel auf Pellworm eingepfarrt und concurirt nach Verhältnis der Landmasse, mit Ausschluß des Leeglandes, an den Deichlasten. Die Gerichtspflege ist dem Herren Landvogt Klinker übertragen, der ein jährlich auf Martini fälliges Honorar von 100 Mark Courant bekommt. In der Kirche . . . hat das Gut 3 Mannsbänke und statt der früher daselbst gehabten 2 Frauenbänke jetzt eine dichte, mit Fenstern versehene Bank . . . Außerdem kann das Gut 3 Mannstände und einen Frauenstand in der Alten Kirche fordern . . .« Ebenso wird das Hauptgebäude mit einer Länge von 118 Fuß, bei einer Breite von 36 Fuß, nebst allen Nebengebäuden beschrieben.

Weil die Gerichtsbarkeit allein jährlich 100 MC. kostete, so ist verständlich, daß die Landschaft durch den Advokaten Johann C. Storm (Vater von Theodor Storm) sich beim König um die Aufhebung dieses teuren Privilegs bemühte. Mit Datum vom 14. April 1837 »geruhte Se. Majestät mittels allerhöchster Resolution die Patrimonial-Gerichtsbarkeit aufzuheben . . . und die Gerichtsbarkeit des Gutes in Civil- und Criminalsachen sowie die Ausübung der Polizei auf demselben dem Landvogt zu übertragen . . . wobei derselbe sich als Vergütung lediglich die in der Pellwormer Sporteltaxe vom 14. Juni 1813 zugestandenen Gebühren berechnen dürfe . . .«

»Seegarden« – heute ein moderner Zweckhof

Häuserreihe auf dem Junkersmitteldeich

Bis zum Jahre 1862 blieb die Landschaft Eigentümer des Gutes und verpachtete es in dieser Zeit. Dann wurde der Hof von dem aus Raar bei Elmshorn stammenden Johann Both, verheiratet mit Elsabe von Döhren, für etwa 14 000 Banktaler gekauft. Dazu gehörten seinerzeit noch 133 Demat Land. Über rund 120 Jahre hinweg und durch bisher vier Generationen ist die Familie Both nun Eigentümer von Seegarden. Erster Nachfolger war Otto Both, der dem Hof durch Um- bzw. Anbauten die Gestalt eines Hufeisens gab. 1924, mit der Übergabe an den Sohn Max Both, erfolgte der zweite Wechsel auf die nächste Generation, und 1960 der dritte auf Adolf Both.

Infolge Erbteilung – beispielsweise ließ Max Both im Jahre 1953 für drei seiner Kinder Siedlungshäuser errichten – ist die zu Seegarden gehörende Landfläche allerdings immer kleiner geworden. Jetzt, 1982, beträgt sie 25 ha, von denen 7 1/2 ha als Ackerland und die restliche Fläche als Weide genutzt wird. Zusätzlich ist einiges an Land hinzugepachtet, und ebenso schickt Adolf Both »Pensionsvieh« zur Hallig Gröde. Insgesamt werden 80 Stück Rindvieh gehalten.

Der Waldhusenhof

Pellworm hat noch eine stattliche Anzahl schöner, großer Höfe aufzuweisen, an denen die verschandelnde »Modernisierung« – so lange es noch dauern kann – vorbeigegangen ist. Fast unversehrt, mit der originalen Architektur ihres ursprünglichen Aussehens liegen sie da auf ihren Warften – eine Zierde der Landschaft, aus der sie gewachsen sind.

Einer dieser eindrucksvollen Höfe ist der »Waldhusenhof« im Großen Koog nahe der Nordermühle. Er wurde in der Zeit von 1750 bis 1755 erbaut und ist in dieser Form, rund um einen Innenhof (Gaard) geschlossen, einmalig auf der Insel. Die Außenwände des Vierkanthofes sind jeweils rund 30 Meter lang. Die innere Funktion wird auf der nebenstehenden Zeichnung des Waldhusen-Hofes dargestellt. Sie bezieht sich auf einen Grundriß aus dem Jahre 1847, aber im wesentlichen ist das äußere Bild auch noch heute so vorhanden. Von ganz besonderem Wert ist die »Blaue Stube« gleich links neben der Vordiele. Hierzu heißt es in den »Kunstdenkmälern des Kreises Husum«:

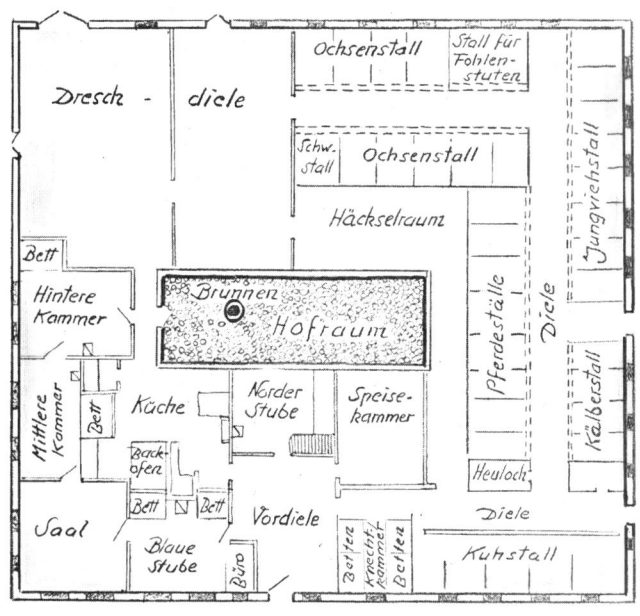

Dresch - diele

Ochsenstall

Stall für Fohlen-stuten

Schw. stall

Ochsenstall

Häckselraum

Jungviehstall

Bett

Hintere Kammer

Brunnen

Hofraum

Pferdeställe

Diele

Kälberstall

Mittlere Kammer

Bett

Küche

Norder Stube

Speise-kammer

Back-ofen

Bett

Bett

Vordiele

Heuloch

Diele

Saal

Blaue Stube

Büro

Betten

Knecht-kammer

Betten

Kuhstall

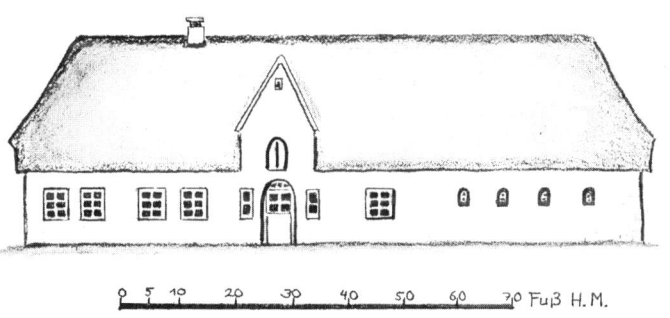

0 5 10   20   30   40   50   60   70 Fuß H.M.

»Zimmer von 1748 in ländlichem Rokoko mit zwei Türen, zwei Alkoven und Türverkleidung zum ›Büro‹. Hellblauer Holzanstrich . . . Die Alkoven haben Türfenster mit symmetrischem Rankenstabwerk, Oberlicht in Akanthusformen mit Rokokoanklängen. Fliesen mit biblischen Szenen. Beileger von Anno 1679, in neuerer Zeit hierher übertragen, aber nicht in Gebrauch. An der Stirn die Taufe Christi, darunter Grotesken und ein Engelskopf, an der Seite das Urteil Salomonis, darunter zwischen Kreisen Teufelsfratzen, in den Kreisen Halbfiguren junger Männer in Zeittracht.«

Aus den beiden Daten wird ersichtlich, daß die Zimmereinrichtung nicht eigens für diesen Hof angefertigt worden ist, sondern offenbar aus anderen Häusern stammt. Alkoven sind bzw. waren Wand- oder Schrankbetten, und wie sinnvoll die eine angebracht worden ist, verrät ein Blick auf die Grundriß-Zeichnung. Sie liegt an der Wand gegen den Backofen, der in kalter Jahreszeit für eine behagliche Wärme in dem Schrankbett sorgte.

Im Erdbuch des Jahres 1825 wurde dieser größte Hof der Insel mit einem Landbesitz von 216 Demat Hochland und 4 Demat Leegland, zusammen also 220 Demat oder knapp 110 Hektar, vermerkt. Damaliger Hofherr war der Ratmann und Deichgraf Friedrich Knut Tedsen.

Das genannte Jahr 1825 war aber auch das Jahr der großen Sturmflut, die mehrere Köge von Pellworm überschwemmte. Da nun nach den Gesetzen des Deichrechtes jeder Hof und Landbesitz entsprechend seines Wertes und Umfanges zur Deichreparatur verpflichtet war, lag eine schwere Last auf dem Waldhusenhof. Lange Zeit mußten täglich vier Gespanne mit entsprechenden Leuten für die Wiederherstellung des Deiches abgestellt werden. Zudem waren Äcker und Weiden durch das Salzwasser derart in Mitleidenschaft gezogen, daß drei Erntejahre ausfielen. Wie schon an anderer Stelle erwähnt, brach eine unvorstellbare Armut auf Pellworm aus und zahlreiche Bauern wurden durch Konkurse um Haus und Hof gebracht. Doch Friedrich Knut Tedsen konnte seinen Besitz über diese schwere Zeit hinweg retten.

Die Familie Tedsen ist eine der ältesten Pellwormer Familien. Der Urahn Rickmer Martensen war 1688 aus Eiderstedt auf die Insel gekommen. Entsprechend der patronymischen Namensgebung, der Bildung des Stammnamens der Kinder aus dem Vornamen des Vaters, hieß einer seiner Söhne Knut Rickmers, dieser wiederum hatte einen Sohn namens Tede Knutzen, der Ratmann war und von 1699 – 1764 lebte. Einer seiner Söhne wurde Knut Tedsen genannt. Auch er war

Ratmann und Landesbevollmächtigter, lebte von 1742 – 1782 und war Vater des oben erwähnten Friedrich Knut Tedsen, geboren 1776. Zu dieser Zeit kam es zur allmählichen Einstellung der patronymischen Namensfolge und laut königlicher Order »zur Einführung beständiger Familiennamen«. Lediglich als Zwischenname, hier »Knut«, erscheint noch für eine Weile das Patronymikon.

Friedrich Knut Tedsen starb im Jahre 1847. Einige Zeit vorher, 1842, hatte sein Sohn Anton Theodor Siegfried Tedsen (1819 – 1897) die Nachfolge als Hofbesitzer angetreten. Zu seinem Viehbestand gehörten zeitweilig zehn Pferde. Der größte Teil des Landes wurde nämlich gepflügt und mit Getreide angebaut – eine Maßnahme zur Gewinnung von Stroh, das wiederum für die jährliche Bestickung des Deichfußes nötig war.

Anton Th. S. Tedsen und Frau Maria hatten 8 Töchter. Eine davon, Tiede, heiratete Peter Jensen, der im Jahre 1889 den Hof übernahm. Die anderen Kinder mußten angemessen ausgesteuert werden. Das wird bei der großen Schar nicht leicht gewesen sein und mag den Landverkauf erklären. 1905 gehörten nämlich nur noch 81 Demat, rund 40 Hektar zum Waldhusenhof.

Im letztgenannten Jahr wurde dieser vom Amts- und Gemeinde-

Die »Blaue Stube« im Waldhusenhof

vorsteher Bernhard Jacob Harrsen gekauft, der außerhalb des geschlossenen Hofkomplexes einige Umbauten durchführen ließ. Er hatte, in eigener Ehe kinderlos, eine Adoptivtochter, Margarethe Hermann, die im Jahre 1920 Julius Schulze heiratete. So kam der Hof, zunächst durch Verpachtung, in den Besitz der Familie Schulz und ist, nun auch schon mehrere Generationen, deren Eigentum geblieben. Bei der endgültigen Übernahme 1932, als Bernhard Jacob Harrsen schon seinen Lebensabend in Husum verbrachte, hatte der Hof nur noch 30 Hektar an eigenem Landbesitz.

Diese Landfläche gehört auch heute (1982) zum Waldhusen-Hof. Sie wird etwa je zur Hälfte als Acker und Weide genutzt. Auf der Weide werden gegenwärtig 14 Milchkühe, deren Milch jeden Morgen von der Zentral-Meierei abgeholt wird, sowie rund 20 Stück Mastvieh gehalten.

Unverändert ist der Hof auch im Familienbesitz geblieben. Dem Vater Julius Schulz folgte im Jahre 1958 der Sohn Anton Schulz, verheiratet mit Gertrud geb. Jebsen. Und eine weitere Nachfolge bahnt sich mit den fünf Kindern, drei Söhnen und zwei Töchtern an.

Insel des Windes und der Windmühlen

Aus erster Hand weht der Wind auf Pellworm über Deich und Land – kein Wunder, daß man gegenwärtig hier mit einer Anlage versucht, wie Windkraft in elektrischen Strom umzusetzen ist, und daß Pellworm in früheren Jahrhunderten eine Insel voller Windmühlen war!

In Berichten über die große Sturmflut von Anno 1634 ist die Rede von 8 Mühlen, die in der Pellwormharde, dem südwestlichen Teil von Alt-Nordstrand, wegtrieben. Insgesamt soll es hier damals 14 Mühlen gegeben haben, deren Standorte Alfred Dethlefsen bezeichnet hat.

Zunächst handelte es sich um Bockmühlen, vierkantige Holzkörper, die auf einem mächtigen Balkenbock ruhten und mit ihren Flügeln mittels eines »Steertes« gegen die Windrichtung gedreht werden mußten. Erst später, in der zweiten Hälfte des 17. Jahrhunderts, konstruierte der hier tätige holländische Deichbauingenieur Jan Adriansz Leeghwater Mühlen jener Art, wie sie noch heute zu sehen sind. Hier steht der meist achteckige, gelegentlich auch runde Mühlenkörper fest auf dem Boden (Erdholländer), auf einem gemauerten Unterbau (Kellerholländer) oder mit einer Rundumgalerie, dem »Zwickgestell«

(Zwickgestellholländer). Bei diesen, gegenüber den Bockmühlen auch größeren Mühlenkörpern, blieb nur die Kappe mit den Flügeln drehbar. Auch hier wurde die Kappe zuerst mit Hilfe eines bis auf den Boden herunterreichenden Steertes gedreht, ehe es in neuerer Zeit zum Einbau von »Windrosen« kam, die in ständiger Bewegung die Mühlenkappe gegen die Windrichtung einspielen.

Aus einem umfangreichen Aktenvorgang im Landesarchiv zu Schleswig (Bd. 6 Nr. 3255 VI.4./55. 215) erfahren wir einiges über die Mühlenverhältnisse auf Pellworm zu Beginn des vorigen Jahrhunderts. Zwei Einwohner, Joachim Hinrich Carstens und Claus Arriansen ersuchen die Königliche Regierung allerunterthänigst um die Konzession zum Bau je einer »Grütz- und Graupenmühle«, letzterer »an die Stelle einer niedergefallenen Bockmühle«. Über dieses Gesuch entwickelt sich der obige Vorgang zwischen der Kgl. Rentekammer, dem Amtshaus in Husum und der Pellwormer Landvogtei. Es wird eine »Commission« eingesetzt, um die Gegebenheiten zu untersuchen, und diese kommt dann zu nachstehendem Ergebnis, das in einem »Pro Memoria« am 22. August 1804 der Rentekammer vorgelegt wird:

»Den Auftrag, welche eine Königlich Höchstpreißliche Rentekammer der Commission unterm 21. April dieses Jahres gegeben, zu untersuchen, ob es rathsam sein könnte . . . mit Vortheil für die Königliche Kasse eine herrschaftliche Mühle zu erbauen und dieser ein Zwangsrecht oder ein ausschließendes Recht zu belegen, haben wir mit Herbeirufung der hiebei in Betracht kommenden Umstände vollzogen und erwidern demgemäß auf die Königliche Anfrage folgendes:

Es ist kein Anschein vorhanden, die Erbauung einer solchen Kgl. Mühle anzurathen . . . da die zu erwartende Vortheile in keinem Verhältniße zu den Auslagen und jährlichen Kosten stehen. Wir haben den Bau der angeregten beiden Mühlen lediglich unterstützt, weil die Königliche Kasse eine jährliche Recognition . . . gewinnt, und weil bey der schlechten Communication in der Marsch den Einwohnern die Mehrheit der Mühlen eine Erleichterung beschwerlicher Fuhren ist, nicht aber, weil wir glauben könnten, daß die Entrepreneurs (Antragsteller) ihre Rechnung finden könnten . . .

Pellworm hat drey und zwar sehr gute Mühlen, alle drey Müller sind aber bey weitem keine bemittelten Leute, können sich vielmehr nur kümmerlich durchwinden und dies ist gewiß nicht ihre eigene Schuld. Eine einzige Mühle kann itzt . . . für den ganzen, auf Pellworm gewonnenen Kornvorrath alle Arbeit versehen, da auch auf Nordstrand nur zwey Mühlen vorhanden sind, die den drey- bis vierfachen Ertrag des Landes bestreiten . . .«

Im Weiteren wird dann darauf hingewiesen, daß den beiden Antragstellern »in Hinsicht dessen ihre Gesuche abzuschlagen seyen« und daß es für die Königliche Kasse vorteilhafter wäre, eine der vorhandenen Mühlen auf Königliche Rechnung zu kaufen. Für diesen Fall aber erwartet die Commission, »daß, da auch in anderen Marschen kein Zwangsrecht eingeführt ist, diese allerhöchste Milde sich auch auf die Landschaft Pellworm erstrecken möge«.

Der sogenannte »Mühlenzwang« war eine Verfügung, daß alle Einwohner eines bestimmten Gebietes ihr Korn nur in der zuständigen Mühle verarbeiten lassen durften, allerdings weniger zum Vorteil des Müllers, sondern der an den Einnahmen partizipierenden Königlichen Kasse. Demnach waren alle drei Pellwormer Mühlen seinerzeit »freie« Mühlen ohne Mühlenzwang.

Jahre später wurde den beiden Antragstellern dann aber doch die Konzession erteilt, wofür Joachim Hinrich Carstens für sich 23 1/2 Rthlr. bezahlte. Allerdings hat keiner von beiden eine Mühle erbaut. Im Jahre 1813 wurden die Anträge zurückgezogen, und ebenso wenig kam es zum Kauf einer der vorhandenen freien Mühlen und Umwandlung in eine mit Zwangsrecht priviligierte Herrschaftsmühle. So blieb der umfangreiche Schriftverkehr zwischen den Beteiligten nur deshalb interessant, weil er einiges über das Mühlenwesen jener Zeit auf Pellworm verrät.

Nach alten, vergilbten Fotos und Landkarten läßt sich rekonstruieren, daß es um 1850 auf Pellworm vier Mühlen gab. Auf dem Deichbogen zwischen der Straße zum »Parlament« und zur »Hooger Fähre« stand die *Westermühle*, an die heute nur noch ein Ortsname erinnert. Sie wird in einem »Stockregister« Anno 1771 erwähnt, aber es sind weder Bilder noch schriftliche Unterlagen aufzutreiben. Im Jahre 1903 erfolgte der Abbruch, und 1913 verschwand in Zusammenhang mit dem Bau der Hauptstraße auch die nun leere Warft.

Von der *Nordermühle* wird später noch die Rede sein. Doch zeigt ein Foto, daß nicht weit entfernt, im Garten des heutigen Hauses von Johannes Clausen, ein schöner Zwickgestell-Holländer stand. Bis 1870 gehörte diese Mühle Eduard Schulz, der sie dann für 7000 Mark

Die »Nordermühle« hoch über dem Deich

an den Müller Meesenburg verkaufte. Meesenburg ließ die Mühle abbrechen, und auf *Ostertilli*, wo bis dahin noch eine der altertümlichen Bockmühlen vorhanden war, wieder aufbauen. Kurz vor dem Abbruch dieser, vermutlich vom Ratmann Boy Novok Friedrichsen errichteten Mühle, geschah dort noch ein tragischer Unglücksfall. Der Müllergeselle winkte mit einem leeren Sack einigen vorbeikommenden Schulkindern zu, da wurden Sack und Arm des Gesellen vom schnell drehenden Klüver, der Holzwelle des Schälsteines, erfaßt, und der Unglückliche so lange herumgeschleudert, bis er tot war.

An die alte Bockmühle auf Ostertilli erinnert noch ein Grabstein an der Nordwand der Neuen Kirche. Derselbe hatte als Bodenstein in der Mühle Verwendung gefunden, doch ließ sich nur noch der plattdeutsche Spruch »HIOB AM XIX – ICK WEET DAT MIEN ERLÖSER LEEWET UND HE WERDT MI HERNAAMALS UT DER ERDEN UPWECKEN« entziffern, nicht aber mehr der Name desjenigen, auf dessen Grab dieser Stein einst lag, ehe er für profane Zwecke entfremdet wurde.

Die Bockmühle wurde nach dem Abbruch nach Hattstedt verkauft, am gleichen Platz, wie erwähnt, der Zwickgestellholländer durch den Müller Meesenburg erbaut. Heute ist von dieser Mühle nur noch der kappen- und flügellose Torso vorhanden.

Von den ehemaligen Pellwormer Mühlen war die *Nordermühle* am längsten in Betrieb, und sie ist auch die einzige, die wenigstens äußerlich voll aufgerüstet, noch vorhanden ist – als weithin sichtbares Wahrzeichen auf der Deichhöhe, dort, wo sich die Deiche vom Kleinen Norder-Koog und dem Großen Koog treffen.

Schon 1634 stand hier eine Mühle, doch die jetzige ist jüngeren Datums. Eine Konzessions-Urkunde, von König Christian VII. höchstselbst unterschrieben, weist auf das Jahr 1749 hin und nennt als möglichen Erbauer Harro Clausen. Die Urkunde lautet:

»Wir Christian der Siebente

von Gottes Gnaden König zu Dänemark, Norwegen, der Wenden und Gothen, Herzog zu Schleswig, Holstein, Stormarn und der Dithmarschen, Graf zu Oldenburg und Delmenhorst pp. thun kund hiermit: Was gestalt Wir der Besitzerin der vormals Harro Clausen zuständig gewordenen Grütz- und Graupenmühle auf Unserer Landschaft Pellworm, Maria Margarethe Clausen, ungeachtet sie, zufolge der sothanen Mühle wegen, den 28ten Juli 1749 erfolgten Concession und deren nachherigen Confirmationen vom 5ten May

1767 und 1sten Novbr. 1768, außer dem Grütz- und Graupen Machen, nur zum Mehlmahlen von geschellten und gepullten Gersten befugt ist – dennoch auf geschehenes, allerdemüthigstes Gesuchen und unserer deutschen Kammer nochmalige allergehorsamste Vorstellung, vermöge unserer speciellen Resolution vom 18ten passato, in Königl. Gnaden concediret und bewilliget haben; Gleich Wir dann derselben hiermit nochmals concidiren und bewilligen, daß sie auf besagter Mühle künftig alle Arten Getreides zu Mehl mahlen möge. Dahingegen soll sie sich keines Zwanges über Unsere dortigen Unterthanen noch einer exclusiven Freyheit anzumaßen befugen, sonst aber schuldig und gehalten seyn, gute untadelige Waren zu verfertigen, sich gebührend zu betragen, und für diese extendierte Freyheit zum Mehlmahlen 4 Rth., folglich mit Inbegrif der bisherigen Recognition von 12 Reichsthl. künftig Sechzehn Reichsthl. jährlich in Unser dortiges Landregister ohnfehlbar zu entrichten. Uebrigens wird bei Uns und jedem Unserer Königl. Erbsuccesforum, resp. sogleich bei dem Antritt der souverainen Landes Regierung, oder so oft ein neuer Besitzer zur Mühle gelanget, nähere Bestätigung hierüber unaufhältlich gesucht und ausgebracht. Wonach sich manniglich allerunterthänigst zu achten. Urkundlich unter Unserem Königl. Handzeichen und vorgedruckten Insiegel. Gegeben auf unserem Schloß Hirschholm, den 9ten Novemb. 1771
Christian

Kürzer als die auch von Struensee unterzeichnete Urkunde ist dann der eigentliche Inhalt dieser wortreichen Konzession, nämlich daß »Maria Margaretha Clausen auf der Landschaft Pellworm auf ihrer dortigen Grütz- und Graupenmühle alle Arten Getreide zu Mehl mahlen möge.«

Laut Alfred Dethlefsen brannte die Mühle 1777 ab, doch an der gleichen Stelle wurde durch den Müller Matthias Jessen eine neue, die heutige erbaut. Seine Nachkommen und Erben, Diederich Jessen und Boy Novock Friederichsen ersuchen am 7. September 1802 Seine Königliche Majestät »nach dem Tode unseres Vaters resp. Schwiegervaters (Johann Hinrich Jessen) . . . allerunterthänigst, allerhöchstdieselbe wollen allergnädigst geruhen, uns über die uns zugefallene Grütz- und Graupenmühle die allerhöchste Concession zu ertheilen.«

Der Königliche Pellwormer Landschreiber Weigerich stellte jedoch fest, daß es außer den beiden noch mehrere Anteilserben gab, nämlich die Schwestern Elsabe Maria und Helena Jessen, deren Unterschrift noch einzuholen war. Aus dem langwierigen Schriftwechsel ist zu ersehen, daß die obigen auch die Kinder von Maria Margaretha Clausen sind, die offenbar in zweiter Ehe Johann Hinrich Jessen geheiratet hat. Der Wert der Mühle wird im Jahre 1804 auf 12 500 dän. Reichsbanktaler taxiert.

Nach weiterem Besitzwechsel kam die Nordermühle im Jahre 1862 in die Hände der aus Langenhorn nach Pellworm eingewanderten Familie Dethlefsen, in deren Eigentum sie durch mehrere Generationen über 100 Jahre blieb. Dabei wurde die Mühle ganz gegen den Willen von Matthias Dethlefsen gekauft, da er als Landwirt nur an dem zugehörigen Hof interessiert war, diesen aber nicht ohne die Mühle erwerben konnte.

Bis Anfang des Jahres 1959 drehte die Mühle hoch auf dem Pellwormer Deich ihre Flügel im Winde und wurde dann auf Betrieb mit Elektrokraft umgestellt. Wegen Baufälligkeit mußten die Flügel im Jahre 1966 heruntergenommen werden, – das war ein Jahr vor der endgültigen Stillegung 1967. Bis zuletzt war die Nordermühle in Familienbesitz. Die letzten Müller waren Alfred Dethlefsen und sein Neffe Stefan Frener, der die Mühle 1965 gekauft hatte. Frener richtete dann aber in seinem nahegelegenen Bauernhof einen Mühlenbetrieb mit Landhandelsgeschäft und Schweinemast ein und verkaufte die Nordermühle an den Flensburger Karl Bauer. Der restaurierte mit viel Liebe und Geldaufwand den lädierten Baukörper und gab Mitte der 1970er Jahre dem Torso das ursprüngliche Zwickgestell, den Galerierundgang, und die Flügel wieder, so daß das äußere Bild der Mühle wieder hergestellt ist. Die Mühlenräume dienen heute als Restaurant.

Vogelkoje und Entenfang

Über den geraden Strich des Pellwormer Deiches hinweg fällt dem von Nordstrand-Strucklahnungshörn anreisenden Inselbesucher neben dem Leuchtturm im Süden und den Hotels und Wirtschaftsgebäuden am Hafen Tammensiel in der Inselmitte, im Norden eine geschlossene

Baumgruppe auf, dessen windgeschorene Kronen deutlich die Deichkrone überragen. – Es ist die Vogelkoje im Deichdreieck »Kaienhörn«.

Vogelkojen sind Fanganlagen für durchziehende Wildenten, die
nach holländischem Vorbild auf den nordfriesischen Inseln angelegt
wurden, zuerst 1730 durch eine Genossenschaft in der Marsch von
Oevenum auf Föhr. Das Fangsystem besteht aus einem quadratischen
oder runden Teich, bis zu einem halben Hektar groß, von dessen Ek-
ken vier bis sechs bogenförmige Seitenkanäle, sogenannte »Pfeifen«
abzweigen. Diese sind oben und seitlich mit Netzen überspannt und
zur Deckung des Kojenfängers mit Schilfkulissen umstellt. Am Ende
der etwa 25 – 30 m langen, sich verjüngenden »Pfeifen« befinden sich
Reusenkästen oder -netze, Endstation des Wildentenlebens.

Die Fangzeit beginnt Ende August, Anfang September, wenn vom
Norden und Osten verschiedene Wildentenarten, vor allem Pfeif-,
Spieß-, Krick- und Stockenten südwestwärts in ihre niederländischen
Winterquartiere ziehen. Die zur Rast und Nahrungssuche auf dem
Süßwasserteich eingefallenen Wildenten werden dann durch ausge-
streutes Futter und mit Hilfe von Lockenten in die »Pfeife« hineinge-
lockt und vom Kojenmann, der sich nun zwischen den Schilfkulissen
zeigt, in die Reusenanlage getrieben. Hier gibt es kein Entrinnen
mehr. Ente um Ente wird herausgeholt und »gegringelt«, wie man das
rasche, schmerzlos tötende Halsumdrehen nennt. Zum Fang wird jene
»Pfeife« benutzt, aus der der Wind herausweht. Mit dem Winde treibt
das ausgestreute Futter heraus, aber Vögel fliegen bzw. schwimmen
bekanntlich auch vorwiegend *gegen* den Wind.

Die Vogelkoje am Deich von Oevenum auf Föhr blieb nicht die einzige. Fünf weitere wurden im Laufe des 18. und 19. Jahrhunderts auf
dieser Insel dazugebaut. Drei Vogelkojen entstanden ferner auf Sylt,
zwei auf Amrum und zwei auf Nordstrand. Von diesen altertümlichen
Fanganlagen haben aber nur noch jene auf Föhr eine, allerdings erheblich eingeschränkte, Fangkonzession. Dort wird noch immer im
Herbst eine begrenzte Anzahl (Erlaubte Fangquote gegenwärtig 3 000)
von Wildenten gefangen. Alle anderen Vogelkojen, auch jene von
Pellworm, liegen schon lange still und dienen als Fremdenverkehrs-
Attraktionen.

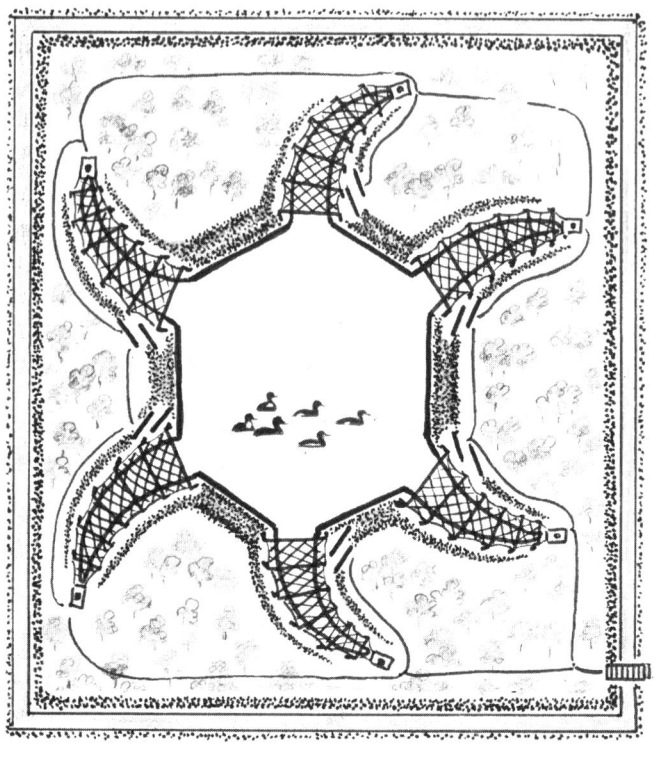

Fangsystem der Pellwormer Vogelkoje

Zusammen mit den Vogelkojen auf der Nachbarinsel Nordstrand ist die Pellwormer Anlage die jüngste. Alle drei wurden erst nach 1900 gebaut. Diese Tatsache ist insofern bemerkenswert, weil nach der Sturmflut von 1634 doch gerade die Reste von Alt-Nordstrand hinsichtlich der Neubedeichung oder Besiedlung in den Einfluß der Niederländer gerieten. Aber an Vogelkojen, wie sie die Niederländer von zuhause kannten, wurde – aus welchen Gründen auch immer – offenbar nicht gedacht, obwohl sich die Inseln im vogelreichen nordfriesischen Wattenmeer gerade dazu anboten.

Bezeichnenderweise waren es aber auch keine Nordstrander oder Pellwormer Einwohner, die dann noch sehr spät auf ihren Inseln Vogelkojen zu erbauen begannen, sondern der in Wyk lebende Heinrich Boysen. Er hatte in seinem Heimatort eine Wildkonserven-Fabrik eröffnet und verarbeitete die Fänge der Föhrer Vogelkojen. Um seinen Markt zu erweitern, suchte er nach weiteren Lieferanten von Wildenten und ließ dann mit erheblicher finanzieller Beteiligung im Jahre 1905 sowohl auf Nordstand, wie auch auf Pellworm Vogelkojen anlegen. Es ist ein Zufall der Geschichte, daß dann an der Pellwormer Anlage eine holländische Familie, nämlich die Woldringhs, finanziell mitbeteiligt war. Nachdem die Königliche Regierung zu Schleswig im Herbst des Jahres 1904 die zum Betrieb einer Vogelkoje nötige Konzession erteilt hatte, wurde am 5. Dezember desselben Jahres in Husum eine Gesellschaft mit beschränkter Haftung mit einer Kapitaleinlage von 22 000 Mark gegründet. Anteilszeichner und damit Miteigner der Vogelkoje waren:

Sebo de Cock Woldringh aus Westpolder, Holland	6 000 Mark
Heinrich Boysen aus Wyk auf Föhr	5 000 Mark
Meinhardus Woldringh aus Groningen, Holland	3 500 Mark
Jan Woldringh, Zoutkamp, Holland	2 500 Mark
Thomas Andresen, Hofbesitzer auf Pellworm	5 000 Mark

Die Einlage des Letztgenannten bestand wohl aus der zur Verfügungstellung des benötigten Geländes, wofür insgesamt 9 000 Mark aufgewendet werden mußten, zumal auch eine gewisse Ruhezone rundum nötig war, um den Fangerfolg zu gewährleisten. Zur Sicherung dieser Ruhe pachtete die Kojen-Genossenschaft später auch die Jagd des betreffenden Gebietes, damit dort nicht geschossen wurde.

Mit dem Bau wurde am 11. Februar 1905 begonnen, und wenige Wochen vor Beginn der Fangzeit, Anfang August, war die Anlage fangbereit. Entsprechend den Zeitverhältnissen mußten die Arbeiter täglich von den im Westen der Insel liegenden Warften weite Fußwege wandern, um die Arbeitsstelle zu erreichen. Sie verdienten pro Tag bei zehnstündiger Tätigkeit 3,– Mark. Doch sollen die anfangs unbeaufsichtigten Arbeitsleute etwas nachlässig gewesen sein, so daß der Mitinteressent Thomas Andresen den Initiator der Kojenanlage, Heinrich Boysen, alarmierte, der sich daraufhin in einem Zelt am Deich niederließ, um den Sommer hindurch die Arbeit zu überwachen.

Der Kojenteich war, verglichen mit jenen auf Föhr, Sylt und Amrum, relativ klein, hatte aber sechs »Pfeifen«. Als Windschutz und als Deckung des Kojenmannes wurden etwa 10000 Bäume, vorwiegend schnellwachsende und windbeständige Arten wie Pappeln, Eschen und Ulmen, aber auch Obst- und Fliederbäume angepflanzt. Ein breiter Graben umgab die ganze Anlage, um Unbefugten den Zutritt zu verwehren. Und außerhalb der Vogelkoje, unmittelbar am Deich wurde ein Häuschen für den Kojenwärter erbaut. Damit war das Werk vollendet, das dann bei der Schlußabrechnung eine Kostensumme von 30000,– Mark ergab, so daß die Interessenten noch nachzahlen mußten.

Erster Kojenmann war der Holländer Pieter von Gunst, der mit seiner Frau Maike und einer großen Kinderschar in das Kojenhäuschen am Deich einzog. Außerhalb der nur wenige Monate dauernden Fangzeit und den damit verbundenen Reparaturarbeiten, beschäftigte sich der Kojenwärter mit Kleinlandwirtschaft auf dem zugehörigen Gelände. Er hatte eine Kuh, ein Schwein, einige Schafe, Enten und Gänse sowie eine große Hühnerschar, von denen er einen Teil der Eier nach Wyk liefern mußte. Dort wartete man jedoch vergebens auf Eier. Und als dann von Boysen eine energische Rückfrage erfolgte, kam eines Tages statt der Hühnereier der folgende, vielbelachte Brief:
»Libe Frouwe Boysen! Mine Frouw was Meike ist, faßt die Hannen iedern Tag na de Mors, naar dar komt niets denn Kake.
Grootens, Pieter van Gunst«.

Die Wildentenfänge der Pellwormer Vogelkoje wurden zusammen mit jenen der Nordstrander Anlage täglich von Anton Godbersen mit einem Motorboot nach Wyk zur Verarbeitung in die dortige Konservenfabrik gebracht. Hier warteten 5 – 6 Frauen auf die abendliche Ankunft der Wildenten und rupften diese dann für einen Stücklohn von 5 – 10 Pfennigen. Waren die Fänge überaus groß, wurden die Enten zum Rupfen auch außer haus gegeben, und zeitweilig fanden bis zu 20 Frauen dabei Beschäftigung.

Die gerupften Enten wurden in der Konservenfabrik – ein kleines Gebäude an der Ecke Carl-Häberlin-Straße/Westerstraße, mitten in der Stadt – ausgenommen, gewaschen und entweder vorgebraten oder vorgekocht in Dosen eingemacht. Es gab Dosen mit zwei, drei und vier Krickenten sowie mit ein oder zwei Stück der größeren Entenarten (Spießenten, Stockenten, Löffelenten und Pfeifenten). Anschließend wurden die Konservendosen nachgekocht und kamen dann, mit bunten Etiketten versehen, im Ortsbereich zum Verkauf oder zum Versand. Abnehmer war vor allem die Reederei HAPAG. Aber auch bekannte Feinschmeckerlokale in Hamburg, Berlin und anderen Städten gehörten zum Kundenkreis.

Leider sind die Bücher mit den Entenlieferungen nach Wyk verlorengegangen, so daß die Fänge der Pellwormer Vogelkoje nicht mehr zu ermitteln sind. Lediglich für einige Jahre liegen die an die Jagdbehörden gemeldeten Zahlen vor. Ein gutes Fangjahr war 1934 mit über 10 000 Enten. Gefangen wurden:

Stockenten	90
Spießenten (Grauvögel)	4 411
Pfeifenten (Schmennen)	1 633
Krickenten	3 854
Löffelenten (Slobben)	58

Doch wie launisch das Fangglück war, zeigen schon die beiden nächsten Jahre 1935 und 1936, als insgesamt nur 3 148 bzw. 3 154 Enten, vorwiegend wieder Spieß- und Krickenten, in die Kojennetze gingen. Wenige Jahre später kam der Entenfang dann fast ganz zum Erliegen. Ursache dafür waren Bestrebungen des neuen Reichs-Jagdgesetzes, diese Art des Massenfanges aus naturschützerischer Erwägung zu beschränken sowie die beginnende Eindeichung des Buphever-Kooges, dessen Baulärm die Wildenten vertrieb.

Nach Pieter van Gunst und dem ebenfalls aus Holland gebürtigen Size Koistra, war Anton Petersen, Anton Kojmann genannt, einer der letzten Wärter in der Pellwormer Vogelkoje. Er wurde 1927, als 24jähriger, von Heinrich Boysen angestellt, nachdem sie auf Föhr in Kontakt miteinander kamen. Derzeit arbeitete Anton Petersen in der Föhrer Marsch, auf dem einsam gelegenen Ackerum-Hof von Peter Martens, dem auch die naheliegende Vogelkoje gehörte. Dort lernte der junge Pellwormer, wie man Enten fängt und gringelt.

Anton Petersen zog auf seine Heimatinsel zurück und in das Wärterhaus am Deich, wo er dann 9 Jahre mit seiner Frau und seiner wach-

Das »Wäldchen« der Vogelkoje am Deich bei Kraienhörn

senden Familie von 6 Kindern lebte. Sein festes Gehalt betrug monatlich 60 Mark, dazu freies Wohnen und eine Fenne für die Nebenbei-Landwirtschaft. Der zusätzliche Verdienst hing jedoch von der Gunst des Fangertrages ab, denn wie alle Kojenmänner, so erhielt auch Anton Petersen für jede gefangene Ente eine Prämie, für die kleine Krickente 5, für die größeren Arten 8 Pfennig pro Stück.

Anton erzählt, daß ihm sein Hund beim Hereinlocken der Wildenten in den »Pfeifen«-Kanal half, wenn er am Rande herumtollte und die Enten neugierig machte. Ähnliches hatte schon der Wärter van Gunst mit einem ausgestopften Wiesel, das er auf einem Schwimmbrett durch die »Pfeife« zog, praktiziert. Die Kojenfänger hatten auch auf ihren Pirschgängen hinter den Schilfkulissen stets einen Kasten mit schwelendem Torf an der Seite hängen, um mit dem Rauch ihren Körpergeruch zu überdecken. Erst in der Gegenwart wurde erkannt, daß diese Maßnahme weitgehendst unnötig war, da fast alle Vögel nur ein geringes Geruchsvermögen haben.

Wie schon erwähnt, kam der Entenfang Ende der 1930er Jahre fast zum Erliegen, und Anton Petersen fand Arbeit beim Deich des neuen Kooges, später darin auch eine der hier eingerichteten Siedlungsstellen. Für einige Jahre versuchten noch Johann Eck und danach Hermann Volquardsen ihr Glück beim Entenfang – doch ohne Erfolg. Die Anlage verfiel, und 1953 mußte auch das Kojenwärterhaus am Deich infolge der Deichverbreiterung abgebrochen werden, wofür der Besitzer eine Entschädigung von 20000 DM erhielt.

Alleinbesitzer war zu dieser Zeit Heinrich Boysen, nachdem ihm die Holländer ihre Anteile in der nationalsozialistischen Zeit übergeben hatten bzw. übergeben mußten. Die Vogelkoje ist noch heute im Besitz der Nachkommen von Heinrich Boysen. Aber Naturfreunde begrüßen, daß der Massenfang der selten gewordenen Wildentenarten nunmehr Vergangenheit ist.

Die Vogelkoje wurde als Anschauungsobjekt für die Inselgäste von der Kurverwaltung gepachtet und durch den Naturschutzverein im Jahre 1988 renoviert. Eine der sechs »Pfeifen« wurde nach alten Vorbildern mit dem urtümlichen Fangsystem wieder hergestellt, um den Besuchern der Anlage die Raffinessen des damaligen Entenfanges zu vermitteln.

Fährverkehr

Pellworm, weitab vom Festland und verkehrsungünstig im Wattenmeer gelegen, hat in früheren Jahrhunderten nur unzureichende und unregelmäßige Fährverbindungen gehabt.

In einem Fährvertrag des Jahres 1783 zwischen der Landvogtei von Pellworm und dem Ockholmer Schiffer M. Carlsen, wird letzterem das »Privilegium« für die Verbindung zwischen Ockholm auf dem Festlande und der Insel Pellworm zugesprochen. Diese Fährlinie hat auch noch vierzig Jahre später, um 1822 Bestand und wird durch ein neues Fährregulativ dokumentiert. Ganz offensichtlich kommt es der Landvogtei darauf an, das Fährprivilegium in die Hände eines hiesigen Schiffers zu geben, »da den Ockholmer Eingesessenen dieses Recht wegen Vernachlässigung ihrer Pflichten zur Beförderung der Reisenden und ihrer Güter gerichtlich anulliert werden müsse . . .«

Aus dem Regulativ geht hervor, daß am Dienstag und Freitag regelmäßige Verbindungen durchgeführt werden. Militär- und Zivilpersonen, die in königlichen Geschäften reisen sowie auch die aus dem Königlichen Dienst entlassenen Seeleute mit ihrem Gepäck, nicht minder auch Briefe und Pakete mit kgl. Dienstsachen, sind unentgeltlich zu befördern. Der Fährschiffer darf keine fremden Reisenden ohne gehörenden Paß befördern und hat am Jahresende der Kgl. höchstpreißlichen Generalpostdirektion genauestens die Einnahmen und Ausgaben seines Fährbetriebes einzusenden. Die Mindesteinnahmen für eine Fahrt soll das Fahrgeld von 8 Personen a 26 Schillinge betragen, so daß bei einer geringeren Anzahl von Passagieren die Reisenden mehr bezahlen müssen, dann allerdings auch die Kajüte zum Aufenthalt benutzen dürfen. Tagelöhner, Drescher und Schnitter, die in großer Zahl zu Deichbauarbeiten und zur Erntezeit vom Festland nach Pellworm kamen, mußten jedoch immer nur die »geringste Fracht, nämlich 26 Schillinge bezahlen«, egal, wie viele Reisende im Boot waren.

Die Fährverhältnisse blieben aber unzureichend, und so erklärt sich, daß einzelne Pellwormer Schiffer Reisende oder Vieh ohne Privileg zum Hattstedter Deich beförderten. Erstaunlicherweise ist von Verbindungen nach Husum in jener Zeit noch keine Rede, obwohl es der bedeutendste Hafenort an der nordfriesischen Festlandsküste war. Ockholm hingegen, eine Ansiedlung von wenigen Häusern, hatte keinen größeren Ort in unmittelbarer Nähe. Am nächsten, rund 12 km entfernt, lag Bredstedt. Vermutlich ist in diesem Fall das günstige Fahrwasser durch Norder-Hever und Strand-Ley ausschlaggebend gewesen. Aber es werden damals auch Schiffer nach Husum gefahren sein.

Erst im Jahre 1859 wandte sich dann ein gewisser H.H. Carstens zwecks Einrichtung einer regelmäßig verkehrenden Fährverbindung zwischen Pellworm und Husum an die dänische Regierung. Das umfangreiche Schreiben enthält u.a. nachstehende Schriftsätze, die ein sehr deutliches Bild der Nöte und Zustände aufzeigen.

»Da die Nothwendigkeit einer regelmäßigen Fähr-Dampfschiff-Fahrt zwischen Pellworm und Husum immer fühlbarer wird, ermangeln wir nicht, dem Hochlöblichen Ministerium unsere Meinung allerunterthänigst vorzulegen.

Und zwar erstens die Darstellung jetziger Lage: Die jetzige Communication und die damit verbundenen Schwierigkeiten sind sehr manigfaltig . . . Will der Pellwormer etwas versenden, so geht er nach dem Hafen und sieht, ob der Schiffer da ist. Dann heißt es oft: der ist gestern oder heute abgesegelt und wird erst um 3 bis 4 Tage wiederkommen . . .

Erhält man nun etwas von Husum, so geht es oft traurig damit her, denn man weiß nicht, wann der Schiffer kommt, und kommt man, um seine Producte zu holen, dann ist es gewöhnlich zu früh oder zu spät. Im ersteren Fall ist es eine vergebliche Reise, letzteres verursacht oft großen Schaden . . . dann liegen die Producte auf dem Wall und sind oft von Regen oder Salzwasser durchnäßt . . . oder sie sind in die Wirtshäuser aufgetragen, wo man sie aufsuchen und das darauf Verzehrte bezahlen muß.

Der Passagier aber, der diesen langen Weg machen muß, befindet sich wahrlich in einer traurigen Lage, denn er kann nicht bestimmen, wann er ankommt . . . und muß oft auf der einen oder anderen Seite oder auf dem Wasser mehrere Tage verweilen . . . Wollte ich alle Schwierigkeiten aufschreiben, würde damit ein Buch gefüllt . . . aber ich muß noch den außerordentlich nachtheiligen Transport von Vieh hinzufügen. Dieses wird nach dem Husumer Markt gebracht, welcher Mittwochs abgehalten wird. Um nun rechtzeitig dahin zu kommen, muß man am Sonntag vorher darauf bedacht sein, denn die gewöhnlichen Schiffe können nur 6–8 Stück laden und müssen mehrere Reisen tun, nämlich nach Hattstedter Deich oder Borlumer Siel, mitunter auch nach Ockholm. Dann werden Treiber angenommen, die das Vieh nach Husum bringen . . . kommt man dann nach Husum, so hört man oft sagen: Gott behüte, wie sieht das Vieh doch aus, und muß es, da es sein Ansehen verloren hat, 10 bis 20 Procent niedriger verkaufen.

Dieser Übelstand kann nur durch eine regelmäßige Dampfschiff-Fahrt verbessert werden . . . Das Schiff muß nicht größer sein, um durch die Husumer Schleuse zu passen . . . Es muß nur für Passagiere und Post eingerichtet sein . . . und wären noch 6 Schuten für dem ganzen Gütertransport erforderlich . . .«

H.H. Carstens berechnet dieses Unternehmen auf 28 330 Thaler, die je zur Hälfte von der Gemeinde Pellworm und der Königlichen Postdirektion aufzubringen wären.

Die gewünschte Fährverbindung kam 1865 zustande, und zwar

durch den Kapitän Hans Jacob Selmer. Kurz vorher war der Krieg zwischen Dänemark und Preußen/Österreich zu Ende gegangen und für die Herzogtümer Schleswig und Holstein, eingeschlossen Pellworm, bahnte sich die Loslösung aus dem Gesamtstaat unter der Oberhoheit des dänischen Königshauses an. Preußen sandte zwecks Organisation und Übernahme der verschiedenen Verwaltungsaufgaben seine Beamten durch das jüngst eroberte Land, und dazu gehörte auch der Statthalter General von Manteuffel. Sein Besuch auf Pellworm galt vornehmlich dem Deichschutz, aber auf der Rückfahrt mit einem Segelschiff nach Husum machte er Bekanntschaft mit den Verkehrsverhältnissen. Er versprach Selmer staatliche Hilfe beim Erwerb des gerade zum Verkauf liegenden Regierungsdampfers »Husum« und der Einrichtung einer Fährlinie, und der Pellwormer Schiffer kaufte im Vertrauen auf diese Zusage den Raddampfer. So geschehen am 14. Dezember 1865.

Doch die in Aussicht gestellte Hilfe blieb aus, und wohlhabende Einwohner von Pellworm und Nordstrand mußten Kapitän Selmer finanziell beistehen, um die Fährlinie Husum-Nordstrand-Pellworm zu erhalten. Um den Fährbetrieb so billig wie möglich durchzuführen, dienten die Kapitänsfrau und ein Sohn als Besatzungsmitglieder.

Bis 1873 hielt Hans Jacob Selmer diesen Raddampfer in Fahrt, dann verkaufte er die »Husum« für den Preis von 20400 Mark an die von Pellwormer Einwohnern gegründete »Pellwormer Dampfschiffs-Gesellschaft« und blieb an Bord als Kapitän. Dabei hatte Selmer kein schlechtes Geschäft gemacht, denn dieser inzwischen »Pellworm« getaufte Raddampfer war nur noch vier Jahre in Betrieb und mußte dann nach Holland verkauft werden. Vorher war ein neuer Dampfer, die »Pellworm II« bei der Kieler Werft Schweffel & Howaldt für den Preis von 55500 Mark von Stapel gelaufen und konnte am 17. September 1877 in den Dienst der Pellwormer Reederei gestellt werden. Als Nachfolger von Kapitän Selmer übernahm sein Schwiegersohn Peter Wilstermann das Ruder. Für die Ausgabe der Frachtgüter am Hafen war Wilstermanns Frau zuständig. Sie soll eine resolute Person gewesen sein, und wenn sie von Abholern gerade bei der Hausarbeit gestört wurde, hieß es: »Dor hangt de Schlötel, und dor hangst em wedder hen!« (Da hängt der Schlüssel, und da wird er wieder hingehängt), worauf dann der Betreffende, dem Kommando folgend, sich selbst die Güter aus dem Schuppen holte. Unregelmäßigkeiten kamen bei dieser Methode nie vor.

Der erste Raddampfer der »Pellwormer Dampfschiffs-Gesellschaft«,
1877 in Kiel gebaut

Mit dem Eisboot unterwegs

Nach wenigen Jahren erwies sich der Neubau »Pellworm II« bereits als zu klein, aber ein größerer Dampfer konnte erst geordert werden, als die Husumer Schleusendurchfahrt vergrößert worden war. Dieses nächste Schiff, ein Doppelschrauben-Dampfer, erstellte die Tönninger Werft Schlömer & Jensen. Er kostete 69 000 Mark und lief am 13. September 1902 von Stapel. Gleichzeitig wurde auch noch eine Transportschute für Vieh angeschafft und bei Bedarf mit einem Schleppseil dem Dampfer angehängt. Allerdings mußten bei solchen Fahrten erhebliche Verspätungen in Kauf genommen werden.

Bis zum Jahre 1906 fuhr der Pellwormer Dampfer in der Regel nicht über die Süder-Hever sondern durch Norder-Hever, Holmer Fähre östlich um Nordstrand nach Husum. Als dann im Jahre 1906 der Verbindungsdamm (Vorläufer des heutigen Autodammes) von Nordstrand zum Festlande gebaut wurde und diese Strecke nicht mehr benutzbar war, fuhr der Dampfer über die Hever und durch das Dvarsloch westlich von Südfall bzw. bei niedrigem Wasserstand um den Hever-Steert nach Pellworm.

Die »Pellworm III« war bis 1930 in Dienst. Dann wurde ein noch größerer Dampfer bei der Werft Krehmer Sohn in Elmshorn in Auftrag gegeben. Aber vorher war über die Frage, ob es ein mit Dampf- oder mit Motorkraft betriebenes Schiff sein sollte, innerhalb der Gesellschaft ein heftiger Streit entbrannt, der beinahe zu einer Spaltung geführt hätte. Aus dieser Auseinandersetzung stammt das noch heute geflügelte Wort des Kapitänes: »Ick bin för Damp, seggt Wilstermann«. Aber Wilstermanns Wille setzte sich dann doch nicht durch. Es wurde ein Dampfer mit Motorenantrieb bestellt und dank der gelungenen Konstruktion beruhigten sich die Gemüter.

Die vierte »Pellworm« war so gebaut, daß sie auf Deck Fracht und Vieh mitführen und somit, außer bei Massentransporten, auf die Schleppschute verzichten konnte. Von 1930 bis Mitte der 1960er Jahre war dieser Dampfer auf der Linienfahrt in Dienst. Einen wesentlichen Fortschritt für die Fährverbindung nach Pellworm ergab sich dann im Jahre 1958 durch den Bau des Hafens Strucklahnungshörn an der Westküste von Nordstrand und der damit verbundenen Straßenanbindung über den Damm zum Festland. Von nun an fuhren die Pellwormer Fährschiffe nicht mehr ab Husum, sondern benutzten die erheblich kürzere Strecke zwischen Strucklahnungshörn (Nordstrand) und Tammensiel (Pellworm), so wie es jetzt ist.

Wieder machte dann die Verkehrsentwicklung, insbesondere der

Fährschiffe, Krabbenkutter, Frachter, Jollen und Jachten im Hafen von Pellworm

stark ansteigende Fremdenverkehr und die Ausfuhr landwirtschaftlicher Produkte eine Vergrößerung des Fracht- und Passagierraumes nötig. Zunächst wurde 1964 das Motorschiff »Nordfriesland« für den Linienverkehr eingesetzt, aber erst mit dem Bau der kombinierten Auto- und Passagierfähren konnte man der Verkehrssituation gerecht werden. Die Husumer Schiffswerft legte eine solche Fähre für die NPDG auf Kiel und konnte diese zur Saison 1966 abliefern. Aber mit dem weiteren Anstieg des Verkehrsaufkommens, vor allem mit Schwerlastern, wurden weitere Neubauten notwendig. Die Husumer Schiffswerft lieferte 1972 die sechste »Pellworm« und baute 1979 eine noch größere, ähnlich konstruierte Fähre. Das gegenwärtige Flaggschiff der NPDG wurde 1985 in Husum auf Kiel gelegt. Es kann 20-25 Pkws und 200 Fahrgäste befördern und kostete 4,5 Millionen DM. Flaggschiff und »Pellworm I« sind im Sommer täglich bis zu 6-, im Winter bis zu 3mal zwischen Nordstrand und Pellworm unterwegs.

Die »Pellworm II« wurde 1987 nach Afrika verkauft. Und anstelle des ehemaligen Ausflugsschiffes »Nordfriesland« wurde 1988 eine neue, allerdings sehr eigenwillig gebaute »Nordfriesland« in Dienst gestellt.

Im Dezember des Jahres 1979 erhielt die NPDG eine unerwartete Konkurrenz durch ein neues Fährschiff namens »Pidder Lyng«, eingesetzt auf der Linie Strucklahnungshörn – Tammensiel von Kapitän Heinz von Holt. Auf Pellworm kam es zu einem heftigen Für und Wider innerhalb der Bevölkerung. Fast unauffällig war dagegen im Juni des Jahres 1981 die kleine Zeitungsnotiz, daß die NPDG die Fähre »Pidder Lyng« gekauft habe und bei Bedarf im Linienverkehr einsetzen will. Es war vorauszusehen, daß auf dieser, überwiegend doch nur im Sommer ausgelasteten und rentablen Linie, für zwei Unternehmer die Einnahmen nicht ausreichend sind. Infolgedessen konnte die »Neue Pellwormer Dampfschiff-Gesellschaft« seit 1964, seit Indienststellung und Modernisierung der Flotte mit den heutigen Fähren, auch nur in einigen Jahren eine Dividende auszahlen.

Doch ist das Bestreben, initiiert durch den langjährigen Geschäftsführer Alfred Dethlefsen, mehr darauf ausgerichtet, einen kostengünstigen Fährverkehr zu gewährleisten, als Gewinne zu machen.

Von den 220 Anteilen der NPDG sind rund 80 % im Besitz Pellwormer Bürger. Der Rest gehört dem Kreis Nordfriesland bzw. auf dem Festlande wohnende Interessenten.

Ein großer Tag in der Verkehrsgeschichte von Pellworm war der

4. Juni 1992. An diesem Tage wurde der neue, tideunabhängige Fähranleger in Betrieb genommen. Das mit der Straße bis Tammensiel
rund 2,3 km lange Bauwerk kostete insgesamt rund 25 Millionen
DM, aber die Fahrtzeit zwischen Strucklahnungshörn – Nordstrand
und Pellworm wurde halbiert und unabhängig von Ebbe und Flut.

Mit dem Eisboot unterwegs

Ganz besondere Aufgaben und Anforderungen stellen strenge Winter, wenn bei anhaltendem Ostwind ein niedriger Wasserstand
herrscht oder das Fahrwasser vereist. Dann kommt es wohl vor, daß
die Fährschiffe festliegen und die Insel auf dem Wasserweg mit Nordstrand und dem Festlande abgeschnitten wird.

In neuerer Zeit erfolgt in solchen Fällen die Notversorgung durch
Hubschrauber der Bundeswehr, die beispielsweise erstmalig im Januar 1979 alle Inselbesucher, die über Weihnachten und Neujahr auf
Pellworm einfroren, nach Nordstrand beförderten. Insgesamt mußten fast 500 Urlauber auf diese Weise ausgeflogen werden.

Wenn in älterer Zeit die Insel bei anhaltendem Frost vom Festland
abgeschnitten war, trat das *Eisboot* in Aktion, dessen Einsatz ebenfalls
der Pellwormer Dampfschiffs-Gesellschaft oblag. Das Eisboot war 5 –
6 Meter lang, stark, aber doch leicht gebaut und mit einer Eisen-
schiene unter Kiel beschlagen. Es war offen wie ein Ruderboot und
wurde von fünf, sechs Mann unter oft unvorstellbaren Mühen über
die Eiswüstenei des zugefrorenen Wattenmeeres gezogen und geschoben oder über offene Wasserflächen gerudert. Nicht selten kam es vor,
daß der eine oder andere Mann in eine Eisspalte einbrach und durch-
naß herausgeholt wurde. War das Eis auf der Norder-Hever noch in
Bewegung, vertrieb das Eisboot bis hinauf zur Hallig Nordstrandisch-Moor oder bis hinunter nach Süderoog. Dann mußten die Eis-
boot-Männer, deren Fahrten von Pellworm aus mit langen Fernroh-
ren verfolgt wurden, auf den betreffenden Halligen übernachten. Je
nach den Umständen ging das Eisboot manchmal nach der Hallig Südfall, von wo aus man zu Fuß Nordstrand erreichen konnte. Aber
durchweg versuchte man, auf der kürzesten Strecke, ab Kraienhörn,

hinüber nach Nordstrand zu gelangen. Für den Fall, daß Winternebel und Dunkelheit die Männer überraschte, waren bestimmte akustische Signale vereinbart – drei Töne mit dem Nebelhorn von Süderoog, zwei Töne von Tammensiel und ein Ton von Kraienhörn.

Natürlich konnte dieses kleine Boot keine Gütermassen transportieren. Vorrangig ging es um die Beförderung der Post, die in Ledertaschen, sogenannten »Felleisen«, verpackt lag. Nicht weniger wichtig waren aber auch Medikamente und die Hefe für den Bäcker. Es durften aber auch – auf eigene Verantwortung – einzelne Reisende mitgehen.

Aber nach 1928 brauchten die Männer des Eisbootes, durchweg Freiwillige, nicht mehr die Mühen und Gefahren solcher Touren auf sich zu nehmen. Von da an besorgte ein Flugzeug die Notverbindung.

Bis Mitte der 1960er Jahre hatte auch der Schiffsverkehr zwischen der Hooger Fähre im Westen der Insel und Hallig Hooge eine gewisse Bedeutung, insbesondere für die vom Festland ab Husum über Pellworm reisenden Halligbewohner. Schon um 1618, als zwischen der noch unversehrten großen Insel Alt-Nordstrand und Hooge nur das schmale Tief des heutigen Rummel-Lochs lag, wird diese Verbindung durch einen Festbrief des Stallers J. Maess an den Schiffer P. Hansen dokumentiert. Ein Fährkontrakt aus späterer Zeit, von 1864, verpflichtet den Hooger Schiffer A. Hellmann, einen Ewer mit einer Jolle und zwei Mann Besatzung auf dieser Linie bereitzuhalten.

Erst im Jahre 1965, als die »Amrumer Schiffahrts-AG« vom Festlandshafen Bongsiel, später Schlüttsiel über Hooge und Langeneß nach Amrum fuhr, verlor die Hooger Fähre vollständig ihre Bedeutung.

Postwesen

Die Geschichte der Pellwormer Post ist auf Grund der Insellage eng mit jener der Fährverbindungen verbunden. Infolgedessen beziehen sich erste Nachrichten und Kontrakte über Fährprivilegien, so die an anderer Stelle erwähnte von 1783, auch auf die Beförderung der Post durch die Fährschiffer. Dabei wird es sich seinerzeit vorwiegend um »Königliche«, also regierungsamtliche Post von oder an die Landvogtei gehandelt haben, und diese mußte unentgeltlich besorgt werden. Privatbriefe waren damals nur vereinzelt unterwegs und wurden dann oft auch auf privatem Wege durch Mitgabe an Reisende nach Husum, Bredstedt und anderen Zielstationen befördert.

Aus einer Einwendung der Pellwormer Landvogtei gegen das Gebahren der Ockholmer Schiffer ist bekannt, daß deren Dienste zu wünschen übrig ließen. Dies mag der Grund gewesen sein, daß um 1820 und später die Pellwormer Post mittels eines Postläufers vom Festlande über die Hamburger Hallig getragen wurde.

Der »Strand«, ein Priel nahe am Halligufer, heute bis 4 Meter tief, konnte damals noch mühelos durchwatet werden. Letzter Postbote auf diesem Wattenweg war Jan-Ott Meesenburg. Später erscheinen als Postschiffer Heinrich Petersen, Johann Thießen und Klas van Aspern. Sie fuhren mit ihren Schiffen zum Hattstedter Deich oder nach Husum.

Ab 1865 wurde dann die Postbeförderung der neugegründeten »Pellwormer-Dampfschiffs-Gesellschaft« auf dem Linienwege Husum – Pellworm übertragen, und dabei ist es bis heute geblieben. Seinerzeit wurde mit der Kaiserlichen Post des Deutschen Reiches ein Vertrag über Beförderung und Entgelte geschlossen, dessen Pflichten sich aber bald als nachteilig erwiesen, insbesondere im Winter, wenn das Fährschiff wegen des Eises nicht mehr fahren konnte und die Post dann mittels Eisboot von Nordstrand geholt werden mußte. So waren einmal an Unkosten 308,80 Mark zu verzeichnen, doch erhielt die Pellwormer Dampfschiffs-Gesellschaft nur 121,30 Mark als Vergütung. Ein zusätzliches Ärgernis war die Verpflichtung zur Postbeförderung auch an jeglichen Feiertagen, und die Pellwormer hätten den »Charfreitag und den Buß- und Bettag, weil dero Tage den Hiesigen höchstheilige Feiertage sind . . .« gern ausgespart. Doch ließ die Kaiserliche Post nicht mit sich reden – und bekam es deshalb mit der nordfriesischen Bauernschläue zu tun! Auf den Rat des Husumer Advokaten und Justizrates Hansen erfolgte die Einberufung einer Gesellschaftsversammlung mit dem einstimmigen Beschluß, die »Pellwormer Dampfschiffahrts-AG« zu liquidieren. Gleichzeitig wurde am selben Abend der Postbeförderungsvertrag gekündigt, weil der Pellwormer Vertragspartner nicht mehr existierte. Am folgenden Tag stand die Gründung einer neuen Gesellschaft, nämlich der »Neuen Pellwormer Dampfschiffs-Gesellschaft m.b.H.« auf dem Programm, und die Kaiserliche Post bekam das Angebot, mit dieser neuen Gesellschaft über die fernere Beförderung ihrer Post zu verhandeln. In diesem Vertrag konnten die nachteiligen Verpflichtungen verbessert werden.

Nicht weniger interessant ist die Geschichte der Postgebäude auf Pellworm. Zunächst erfüllte die Gastwirtschaft am Hafen diese Funktion. War die Post angekommen, wurde an einer Fahnenstange ein Korb aus Weidengeflecht, der sogenannte »Klühnkorf« hochgezogen, und wer einen Brief erwartete, begab sich zum Hafen. Die Post für die seinerzeitigen Inselbehörden, Landvogt, Landschreiber und Landschaftsvorsteher sowie für die Pastoren an der »Alten«- und »Neuen Kirche« trug der Landschreiberknecht aus. Die wenige Privatpost wurde im Fenster des Wirtshauses ausgestellt, konnte dort abgeholt oder von zufällig Vorbeikommenden den Empfängern mitgenommen werden.

Noch in dänischer Zeit, am 16. April 1857, wurde eine Briefsammelstelle eingerichtet, wo man Post abholen oder abgeben konnte. Die neue preußische Regierung perfektionierte dann sogleich das Postwesen und eröffnete 1866 ein erstes Postamt, dessen Betreuung mit der damaligen Zollverwaltung vereinigt wurde. Erster Briefträger war Anthony Dethlefsen, auf Pellworm – wie könnte es anders sein – »Anton Breefdräger« genannt. Doch 1876 erfolgte die Trennung von Post und Zoll und erstere fand nun in der Gastwirtschaft von Jensen, später Edlefsens Hotel, eine Bleibe, bis im Jahre 1880 in einem Haus am Hafen eine »Postagentur« entstand. Vorsteher dieser Agentur war der Bäckermeister Johannes Jürgensen, der dieses Amt 25 Jahre zur vollsten Zufriedenheit der Postbehörde innehatte.

Im Jahre 1905 kam es dann am Hafen zum Bau eines Postamtes, nach Plänen der Oberpostdirektion von der Gemeinde errichtet. Zu dieser Zeit waren bereits drei Zusteller im Dienst. 1951 kaufte die Post dieses Haus und baute es entsprechend den Erfordernissen um. Doch die Zunahme des Fremdenverkehrs und damit des Postaufkommens machten einen Neubau nötig, der am 16. März 1973 seiner Bestimmung übergeben werden konnte. Auch in diesem Falle handelt es sich um ein Mietspostamt, das der Bauunternehmer Paul I. Peters auf seine Rechnung erstellte.

Einen ganz besonderen Akzent erhält das Pellwormer Postwesen durch die Bedienung der zum Amtsbereich gehörenden Hallig Süderoog, reichlich 6 km südwestlich von Pellworm einsam im Wattenmeer gelegen. Die Post zur und von dieser Hallig wird bei Ebbe zu Fuß

*Postbote Liermann kehrt nach einer Postzustellung zur Hallig
Süderoog (am Horizont) nach Pellworm zurück*

*Krüge und Töpfe als Zeugen versunkener Siedlungen – gefunden auf
dem Wattenweg zwischen Pellworm und Süderoog*

über das trockengefallene Watt besorgt, und dieser Weg ist besonders bekannt geworden durch den Postboten Heinrich Liermann, geboren 1882, gestorben 1974. Derselbe trat am 1. Februar 1917 als solcher in den Dienst der Kaiserlichen Post und erfüllte seine Aufgabe nicht weniger als reichlich 45 Jahre, wobei er insgesamt rund 100 000 Kilometer – je Postwanderung knapp 15 km – zurücklegte.

Obwohl der Weg zur Hallig über hohe Wattenflächen führt, ist er nicht ohne Gefahr. Einmal, im Sommer, wurde Heinrich Liermann von einem plötzlich aufziehenden Gewittersturm überrascht. Unheimlich schnell lief die Flut auf, und Heinrich konnte nur mit letzter Mühe über den Juntje-Priel das Ufer von Pellworm erreichen. Einmal fand er auf halbem Wege einen ertrunkenen Seemann und holte diesen bei Flut mit seinem Boot an den Deich, und einmal rettete er im letzten Weltkrieg drei abgestürzte kanadische Flieger vor dem Ertrinken.

Der Wattenweg führt aber auch über versunkenes Land, und immer wieder wurden Topfscherben, noch unversehrte Krüge, einmal dänische Münzen aus der Zeit um 1700 und anderes gefunden und daraus das noch vorhandene »Wattenmuseum« gestaltet.

Bis zum 81. Lebensjahr ist Heinrich Liermann Postbote gewesen, dann folgte, von 1963 an, für 10 Jahre eine Frau, Edith Mextorf. Und seit 1973 ist wieder ein Heinrich Liermann, der Enkel des vorgenannten, als Postbote zwischen Pellworm und Süderoog unterwegs.

Fischerei

Wie fast überall auf den nordfriesischen Inseln und Halligen hat es in früheren Jahrhunderten auch auf Pellworm fast keine eigentliche Berufsfischerei gegeben. Vielmehr beschäftigten sich zahlreiche Insulaner für den eigenen Bedarf mit den verschiedenen Methoden des Fischfanges, wozu vor allem das Aufstellen von Fangzäunen und Netzen, sogenannten »Thenen« (heute »Fischgärten«), gehörte, in welche die bei Ebbe zurückschwimmenden Fische, Schollen, Butt, Flundern, Hornfische, Aale, früher auch Rochen, hineingerieten. Binnendeichs, in den Sielen und Pütten, wurde den Aalen nachgestellt, und gerade in dieser Beziehung war Pellworm nach den Erzählungen von

Fähre »Pellworm« – Kurs Pellworm

Krabbenfischer im Heimathafen

Friedrich Paulsen eine sehr fischreiche Insel. Heute sind die Binnengewässer an Sportangler verpachtet.

Erst einige Jahre nach 1900 entschloß sich der Arbeiter Wilhelm Ludwig Balzukat, angeregt durch den Schuster Peter Adolfsen, zum Erwerb eines Fischereifahrzeuges und zur Ausübung berufsmäßiger Fischerei. Dieses erste Schiff fuhr noch unter Segel, so daß die Bedingungen für den Invaliden und seemännischen Laien anfangs recht schwierig waren. Gefangen wurden vor allem Garnelen, hier »Porren« genannt, und dann vom Handwagen aus auf der Insel verkauft. Weitere Erträge brachte der saisonbedingte Heringsfang sowie das Fischen von Miesmuscheln und Seemoos. Letzteres wurde, grün gefärbt, in den Städten als Zierstrauch verwendet.

Nach der Motorisierung des Fischereifahrzeuges konnten die oft beträchtlichen Fänge auch nach Husum geliefert werden. Bald folgten andere Pellwormer dem Beispiel von Balzukat und allmählich entstand eine kleine Kutterflotte, die sich nun aber gegenseitig Konkurrenz machte. Deshalb erfolgte im Jahre 1929 die Gründung des Pellwormer Fischervereines, um durch Preisvereinbarungen den ruinösen Wettbewerb der Fischer durch gegenseitiges Preisunterbieten zu verhindern. Dieser Verein besteht noch heute.

Für das Jahr 1952 wird eine Zahl von 23 kleinen und mittleren Fischereifahrzeugen genannt, eine Zahl, die sich mangels anderer Existenzmöglichkeiten aus den ernährungskritischen Nachkriegsjahren erklärt. Immerhin lagen 1961 noch 12 Kutter im Hafen, 1968 waren es noch 10, seit 1974 aber nur noch 5. Zu den noch heute ausfahrenden Krabbenfischern gehört Willi Balzukat, der 1978 einen neuen Kutter, getauft auf den Namen »Helene« erwarb. Willi ist der Urenkel vom Wilhelm Ludwig Balzukat. So hat eine Pellwormer Familie durch bisher vier Generationen die Krabbenfischerei betrieben.

Gefangen werden nach wie vor überwiegend »Porren«, gelegentlich auch Plattfische. Die Fänge gehen fast ausschließlich nach Husum.

Frachtverkehr

Im Hafen von Pellworm bietet sich immer ein buntes Bild von Fährschiffen, Frachtern, Krabbenkuttern, Seglern und Ausflugsbooten und das ständige Hin und Her dieser Schiffe, die durch die lange schmale Fahrrinne ihren Weg hinaus in das Wattenmeer suchen oder sich an der Prickenreihe entlang zum Hafen tasten.

Neben dem Fährverkehr und der Fischerei spielt in wirtschaftlicher Hinsicht auch die Pellwormer Frachtschifferei eine gewisse Rolle. Einer der ersten Schiffer, die Frachtverkehr zwischen Husum und Pellworm betrieben, war Martin Petersen, geboren 1888. Er kaufte zu diesem Zweck ein Segelschiff mit Hilfsantrieb. Es hatte eine Traglast von 40 Tonnen und hieß »Augusta«. Befördert wurden Brennstoffe, wie Kohlen und Briketts, aber auch Waren des täglichen Bedarfes für die Kaufhäuser der Insel. Mitte der 1930er Jahre trat ihm sein Sohn Hans Petersen zur Seite, zunächst als Schiffsjunge und dann nach entsprechender Ausbildung als selbständiger Kapitän. Als solcher übernahm er 1950 den Frachter »Christine«, das dritte Schiff seines Vaters. Die »Christine« hatte eine Traglast von 60 To. und wurde vom Husumer Schiffsmakler Schmid befrachtet. 1957, mit Zuwachs des Frachtaufkommens, konnte ein größeres Schiff von 110 To., im Jahre 1963 dann der Frachter »Orion« von 160 To. Traglast gekauft werden. Er war bis 1970 in Dienst und wurde dann mit Hilfe der staatlichen »Abwrackprämie«, einer Beihilfe zur Erleichterung von Neubauten, aus dem Verkehr gezogen. Dafür erwarb Hans Petersen das Frachtschiff »Ernte« mit einer Traglast von 200 To. Es ist gegenwärtig – 1982 – noch immer in Fahrt.

Eine andere Frachtschifferfamilie sind die Matthiesens. Hermann A. Matthiesen, geboren 1948, begann seine Berufslaufbahn ebenfalls auf einem Schiff seines Vaters, machte sein Kapitänspatent und kaufte sich 1973 die 200 To. große »Süderoog I«. Dieses Frachtschiff wurde 1978 an Jens Boysen verkauft, seitdem fährt Hermann A. Matthiesen die 300 To. große »Nordland I«. Sein Bruder Hans W. Matthiesen ist Eigner und Führer des Frachtschiffes »Irmgard M.«

Ein weiteres, von bzw. nach Pellworm und anderen Häfen im Nordfriesischen Küstenraum fahrendes Frachtschiff war die »Anja I« des Schiffers Boy Petersen. Er hatte sich 1951 als 30jähriger zunächst mit dem Frachtschiff »Gustav« selbständig gemacht und ließ dieses Fahrzeug von 80 To. auf 110 To. vergrößern. 1971 wurde die erwähnte »Anja I« gekauft und im Stückgutverkehr eingesetzt. Sie war neun Jahre, bis 1980 im Einsatz und mußte dann »angebunden« werden, weil sich keine Rendite mehr ergab. Mehr und mehr nämlich verlagerte sich der Waren- und Güterverkehr auf die neugebauten Fähren der Pellwormer Dampfschiffsgesellschaft, die Schwerlastkraftwagen mitsamt ihrer Ladung zur Insel beförderten. – Für die Lieferfirmen und Empfänger eine wesentliche Erleichterung des Transportverkehrs, für den Frachtschiffer aber das Ende seines Unternehmens.

Die anderen Pellwormer Frachtschiffe werden durch die Fähren der NPDG allerdings kaum tangiert. Sie befördern vor allem das Material für den Deichbau, für die Straßen u.a. Großbauvorhaben sowie Futtermittel und Getreide, nicht nur zwischen Husum und Pellworm, sondern auch zu anderen Inselhäfen (Föhr, Nordstrand usw.) und fahren auch von und nach Hamburg, Ütersen, Bremen, ja bis hinauf nach Dänemark.

Pellworm als Ferieninsel

Alte Pellwormer erinnern sich, daß eben nach 1900 die ersten Sommergäste kamen, von nicht wenigen Insulanern zunächst als »Fremdvolk« und als neugierige Störenfriede betrachtet. Zu den ersten Pellwormern hingegen, die es wagten, ihre Privatzimmer zu vermieten und mit diesen fremden Menschen Geld zu verdienen, gehörten Anna und Georg Back am Siel, mußten dafür aber – als Strafe und als zusätzliche Leistung – mit den Gästen hochdeutsch reden. Andere Pellwormer aber waren schockiert, daß es tatsächlich Leute gab, die sich im Badekostüm, sozusagen halbnackt, in der Öffentlichkeit zeigten und man sich genierte, am Deich nach den Schafen zu sehen.

In »Pellworm, wie es war und ist«, geschrieben vom Lehrer H. Börensen und gedruckt im Jahre 1908, heißt es: »daß Pellworm seit Jahren mehr und mehr von Badegästen, Sommerfrischlern und Touristen (das waren Tagesausflügler) aufgesucht wird, denen die reine Seeluft, das kräftige Bad, die gute Verpflegung, die ländliche Stille und das zuvorkommende Wesen der Bewohner zusagt.« Und in einer Annonce jenes Jahres »empfehlen sich den geehrten Besuchern zur Einkehr, wie auch zu einem kürzeren oder längeren Aufenthalt« die Gasthöfe Martin Edlefsen und Martin Blohm am Siel, Markus Hermann auf Westertilli und Christoph Brodersen an der Hooger Fähre.

Sehr bald also war die Scheu vor den Sommerfrischlern der sprichwörtlichen Pellwormer Gastfreundschaft gewichen, aber der 1. Weltkrieg und die nachfolgenden Inflationsjahre machten dem Fremdenverkehr vorerst ein Ende, ehe sich Mitte der 1920er Jahre die Verhältnisse wieder stabilisierten.

Am 14. September 1928 erfolgte dann die Gründung des »Fremdenverkehrsvereines«. Initiatoren dieses Unternehmens waren Kapitän Howoldt, Karl Martensen, Georg Back, Hinrich Groth, Hermann Stadie und Amandus Edlefsen. Erster Vorsitzender war der Gastwirt Christoph Petersen, und im März des folgenden Jahres zählte der Verein schon 142 Mitglieder, die bereit waren, den neuen Wirtschaftszweig »Fremdenverkehr« zu fördern. Es wurde ein Werbeprospekt gedruckt und in Tageszeitungen für den Inselbesuch geworben, ebenso entsprechende Einrichtungen, wie Fußwaschkästen, Toiletten und Strandkörbe an den Badestellen geschaffen sowie ein Veranstaltungsprogramm aufgesetzt. Mit Fleiß und Eigeninitiative einiger weitblickender Inselbewohner ist somit der Grundstein für den Ausbau Pellworms als Ferieninsel gelegt worden. Doch kaum zehn Jahre später brach der 2. Weltkrieg aus, und wieder war es mit dem Fremdenverkehr vorbei.

Noch unter dem Eindruck des Krieges und der Kriegsfolgen und der Einquartierung zahlreicher Ostflüchtlinge, konnte dann erst im Februar 1948 die Arbeit wieder aufgenommen werden. Das Bettenverzeichnis des Jahres 1953 weist aber schon 25 Zimmervermieter mit einem Angebot von rund 160 Betten aus. Eine bloße Übernachtung kostete damals ganze 2 Deutsche Mark, die Vollpension war für 6–8 DM zu haben.

Nachdem die Insel im Laufe des 2. Weltkrieges schon elektrischen Strom erhalten hatte und damit der Komfort gestiegen war, beschleunigte sich die stete, aber doch langsame Aufwärtsentwicklung des Fremdenverkehrs, als Pellworm im Jahre 1964 eine Trinkwasserleitung vom Festlande erhielt und sich die sanitären Verhältnisse ganz entscheidend verbesserten. 1967 war dann der Besucherstrom zur Insel so umfangreich geworden, daß nicht nur die Pellwormer Dampfschiffs-Gesellschaft laufend neue Fähren bauen mußte, sondern die Organisation der Vermittlung von Kurgästen, Werbung und Veranstaltungen sowie Einrichtung und Beaufsichtigung der Badestellen, aus den Händen des Fremdenverkehrsvereins in die Hände der nun eingesetzten, gemeindeeigenen Kurverwaltung übertragen wurden. Der Fremdenverkehrsverein blieb aber weiterhin als Organ zur Beratung, Anregung und Kontaktpflege und Organisator von Veranstaltungen bestehen.

Im genannten Jahre 1967 verzeichnete Pellworm bereits 750 Fremdenbetten in Gasthöfen, Pensionen und Privathäusern sowie 144 Betten in Jugendheimen. Knapp 3100 Gäste besuchten mit rund 49000 Übernachtungen die Insel. An Jugendlichen wurden reichlich 600 mit rund 8500 Übernachtungen gezählt.

Bis 1988 stieg die Zahl der Betten auf über 2000, die der Gäste auf rund 12000 mit etwa 151600 Übernachtungen. Hinter diesen nüchternen Zahlen aber steht die große Anstrengung der Gemeinde und die Initiative der Einwohner Pellworms, ihre Insel für den Fremdenverkehr attraktiv zu gestalten.

Ein wesentliches Ereignis dieser Entwicklung war der Bau des Kurzentrums bei Tammensiel. Im Jahre 1969 wurde zwischen der Landesregierung und Kreisverwaltung einerseits und der Lübecker Baufirma Lüder KG andererseits ein Vertrag über die Errichtung derartiger Anlagen auf Nordstrand und Pellworm beschlossen, wobei eine der Bedingungen war, die Architektur der Landschaft anzupassen – sicherlich wegen der abschreckenden Hochbauten, die in jener Zeit an der Ostseeküste entstanden. Zunächst gab es eine lebhafte Diskussion in der Bevölkerung, ob mit dem Bau solcher Kurzentren durch auswärtige Firmen die Entwicklung des insularen Fremdenverkehrs in die Hände fremder Kapitalisten gerät. Die Gemeindevertretung beschloß jedoch bei einer Stimmenthaltung im Jahre 1971 nach Abwägung aller Fakten die Genehmigung des Projektes »Uthlande«. Nach entsprechender Planung und Erschließung konnte der Bau beginnen und im August 1974 seiner Bestimmung übergeben werden. Mit einem Hallenschwimmbad, Kurmittelabteilungen und sonstigen Einrichtungen nebst einem Restaurant, konnte die Attraktion der Ferieninsel Pellworm wesentlich gesteigert und die Saison verlängert werden. Die Endabrechnung der Kostensumme für das Kurzentrum belief sich auf knapp 5,3 Millionen DM.

Beschluß und Bauausführung geschahen aber in einer Zeit billiger Energie und sprunghaft steigender Wachstumsraten im Fremdenverkehr. Als sich dann diese Bedingungen in der zweiten Hälfte der 1970er Jahre veränderten, die Energiekosten sozusagen explodierten und der Fremdenverkehr zeitweilig stagnierte, geriet die Fa. Hansa Heimbau-Lüder KG in Konkurs, und es mußten neue Wege für die Betreibung des Pellwormer Kurzentrums gefunden werden. Seit dem 1. Januar 1981 ist nun die Gemeinde Eigentümer dieser Anlage, hinsichtlich des Betriebsunterschusses abgesichert durch einen privat-

Badeleben bei Hochwasser am Pellwormer Deich

Das 1974 erbaute Kurzentrum

rechtlichen Vertrag mit dem Kreis Nordfriesland. Wie alle Kurzentren und Schwimmbäder, die zwischen 1960 und 1970 an der Nord- und Ostsee gebaut wurden, ist auch die von Pellworm ein erheblicher Zuschußbetrieb, in der gegenwärtigen Zeit aber wohl ein unentbehrliches Attribut des Fremdenverkehrs, der auf Umwegen mit seiner Wirtschaftsbelebung diese Unterschüsse abdecken soll.

Weitere Investitionen für die Ausgestaltung des Fremdenverkehres waren der Bau einer großen, 400 Plätze enthaltenden Freizeithalle im Süderkoog, wo Tanzabende, Vorträge, Konzerte und andere Großveranstaltungen stattfinden, die Einrichtung neuer Badestellen am Deich rund um Pellworm, darunter einen FKK-Strand auf dem Vorland der Höck-Hallig an der Nordermühle, die Anlage eines vielbesuchten Minigolfplatzes an der Freizeithalle sowie ein vielfältiges Freizeitangebot. Im Rahmen des Veranstaltungs-Programmes spielen auch das »Anton-Heimreich Haus« der Kirchengemeinde und das Studio Pellworms eine Rolle, ebenso die Betreuer der Naturschutzgesellschaft »Schutzstation Wattenmeer«. Und natürlich gibt es auch sowohl im Hafen Tammensiel wie an der Hooger Fähre im Westen der Insel Motorboote, die Ausflüge zu den Seehundsbänken, zur Vogelhallig Norderoog und den anderen Halligen und Inseln im nordfriesischen Wattenmeer durchführen. Nicht weniger interessant ist eine Wattenwanderung bei Ebbe zur etwa 7 km entfernt liegenden Hallig Süderoog – natürlich mit einem watten- und gezeitenkundigen Führer – oder ganz einfach eine Exkursion zur Entdeckung der Tierwelt oder alter, versunkener Kulturspuren im Wattenraum rund um die Insel.

Vorläufiger Höhepunkt der Entwicklung als Ferieninsel war die Anerkennungs-Urkunde als Nordseebad, die vom Ministerpräsidenten des Landes Schleswig-Holstein Dr. Gerhard Stoltenberg, am 5. April des Jahres 1979 persönlich auf Pellworm überreicht wurde.

Wer den Fremdenverkehr auf benachbarten Inseln, insbesondere auf Sylt, Föhr und Amrum kennt, ist überrascht von der Art und Weise, wie dieser sich auf Pellworm fast unauffällig und ohne die sonst üblichen negativen Begleiterscheinungen des Massenbetriebes in die Insellandschaft einfügt. Und er ist noch mehr erstaunt über die unverdorbene Freundlichkeit der Insulaner und über die Tatsache, daß noch fast jeder – Einheimische und Kurgäste – zu jedem im Vorbeigehen »Guten Tag« sagt – bescheidene Gesten von großem Wert, die andernorts längst verloren sind.

Wasser und Strom – Lebensadern zum Festland

Eine der wesentlichsten Lebensgrundlagen für Mensch und Tier, die Trinkwasserversorgung, war in den Höfen und Häusern von Pellworm nicht unproblematisch, da es infolge der Bodenstruktur im Inselgrund kein einwandfreies Süßwasser gibt. Zwar wurde verschiedentlich versucht, artesische Brunnen zu bohren, doch diese lieferten nur »eben erträgliches Trinkwasser«. Ein Pellwormer Hofbesitzer war nach dem Bohren eines solchen Brunnens übrigens sehr erstaunt über die Menge des heraustretenden Wassers. Doch als er Stunden später seinem Nachbarn dieses »Wunder« zeigen wollte, war der Brunnen leer. Wiederum einen halben Tag später, floß abermals reichlich Wasser aus – bis schließlich ein Zusammenhang mit Ebbe und Flut festgestellt werden konnte. Bei Flutzeit wurde das mehr oder weniger süße Bodenwasser von Pellworm durch den Druck des Seewassers rund um die Insel zurückgestaut.

Von diesen, nur teilweise erfolgreichen Versuchen abgesehen, erfolgte die Wasserversorgung vorwiegend aus den überall vorhandenen Teichen, den »Kuhlen«, deren Füllung von der Niederschlagsmenge abhängig war. Entsprechend schwierig aber war die Beschaffung von Trinkwasser in anhaltend trockener Sommerzeit, ebenso das gesundheitliche Risiko des stehenden und trübe werdenden Wassers. Hingegen war, wie etwa auf den Halligen, das Sammeln des Regenwassers von den Hausdächern kaum üblich, weil das Wasser vom Reetdach einen leicht moorigen Geschmack erhält. Erst als dann in den ersten Jahrzehnten des 20. Jahrhunderts immer mehr Häuser Hartbedachung erhielten, begann man, das durch Sandfilter geleitete Regenwasser in Brunnen und Bassins zu leiten. Doch blieb naturgemäß auch diese Art der Wasserversorgung von der Regenmenge abhängig.

In sehr heißen Sommern, so 1959, wurde es notwendig, Trinkwasser in Schuten vom Festland nach Pellworm zu schaffen. Vom Hafen aus erfolgte mittels Tonnen und sonstigen Behältern die Verteilung zu den Verbrauchern. Aber nicht weniger fraglich gestaltete sich die Wasserversorgung in strengen Wintern, wenn alles gefror. Beispielsweise mußte im Winter 1962–63 sogar der Wassertransport mittels Hubschraubern für den Notfall vorbereitet werden.

In dieser Situation entschloß sich die Gemeindevertretung zu einer grundsätzlichen Lösung und richtete durch den damaligen Bürgermeister Wulff entsprechende Eingaben an die Kreisverwaltung und Landesregierung. Der damalige Ministerpräsident Lemke besuchte die Insel und versprach umgehende Hilfe. Nun standen zwei Möglichkeiten der Trinkwasserversorgung zur Diskussion: Die Nutzung des vorhandenen Grund- und Niederschlagwassers über eine Entsalzungs- und Aufbereitungsanlage – oder eine Wasserleitung vom Festland durch das Watt nach Pellworm. Trotz der höheren Baukosten wurde dann letzterer Möglichkeit der Vorzug gegeben. Nach entsprechender Untersuchung des Wattbodens und den Tiefen der Wattenströme, insbesondere der Norder-Hever, blieb nur die Linie über die Hamburger Hallig und der Anschluß an das Netz des »Wasserbeschaffungsverbandes Nord«. Nach Abschluß der Planung und Finanzierung begann die Hamburger Firma Harmstorf am 18. Juni 1964 mit der Einspülung einer je 10 cm starken, flexiblen Doppelrohrleitung aus Hart-Polyäthylen auf der knapp 10 km langen Wattenstrecke zwischen der Hamburger Hallig und Pellworm. Ende November war die Verlegung abgeschlossen. Die Kosten von etwa 2,2 Millionen DM finanzierte das »Programm Nord«. Gleichzeitig begannen auch durch die Husumer Fa. Paul J. Peters die Rohrverlegungs- und später die Hausanschlußarbeiten auf Pellworm. Insgesamt mußten hier 56,3 km Haupt- und Transportleitungen etwa 1,50 m tief in den Boden verlegt und 563 Hausanschlüsse hergestellt werden. Dieses Vorhaben konnte in mehreren Bauabschnitten in der Zeit von 1964 – 1967 durchgeführt werden. Gleichzeitig entstand auf dem Moordamm eine Druckerhöhungsstation mit Reinwasserbehältern. Doch machte der starke Anstieg des Fremdenverkehrs wenig später die Anlage eines weiteren Speicherbeckens mit einem Inhalt von 20 000 cbm nötig. Dieses Speicherbecken wird im Frühjahr gefüllt, so daß nach abermaliger Aufbereitung während der Saison genügend Wasser verfügbar ist. Der Tagesverbrauch beträgt etwa 850 cbm (1978).

Über Pellworm konnte dann später, 1968, auch die Hallig Hooge angeschlossen werden. Nun ist das ewig-alte Problem der Trinkwasserversorgung gelöst, wichtig nicht nur für die Insulaner und die sehr trinkwasseraufwendige Viehhaltung, sondern auch für den Fremdenverkehr und Kurbetrieb mit seinen hygienischen Ansprüchen an die Wasserqualität. Der Inselbesucher mag sich allerdings wundern, daß eine wasserreiche Marscheninsel ihr Wasser von der schlesw.-holst. Osthälfte, aus Frörup bei Flensburg, bezieht!

Kaum weniger lebenswichtig, besonders in der gegenwärtig hochtechnisierten Zeit, ist die Geschichte der Stromversorgung Pellworms. Auch sie hat infolge der Insellage naturgemäß ihre eigenartigen Akzente und Probleme gehabt.

Erste Gebäude mit elektrischem Strom waren der 1905 erbaute Leuchtturm, der über zwei eigene Rohölmotoren versorgt wurde, sowie die Nordermühle und einige naheliegende Höfe, darunter ab 1923 der Waldhusenhof, die über ein vom Mühlenwerk betriebenes Aggregat Strom erhielten, allerdings nur für Beleuchtungszwecke ausreichend. Aber technische Geräte mit hohem Strombedarf waren seinerzeit ja ohnehin kaum in Gebrauch.

Anfang der 20er Jahre wurde dann in Tammensiel eine Windrose aufgestellt, die 220 Volt Gleichspannung erzeugte. Initiator dieses Unternehmens war der Bau- und Brennstoffhändler Karl Kölln. Angeschlossen waren die beiden Hotels von Blohm und Edlefsen, die Post, einige Kaufleute und Gehöfte. Auch das Hafengelände erhielt elektrische Beleuchtung, und das war ein großer Fortschritt in jener Zeit.

Friedrich Paulsen, ein Pellwormer Junge aus jenen Tagen, berichtet, daß ein großes »Lichtfest« mit Musik und Tanz gefeiert wurde, während die Knaben gespannt auf die Einschaltung des Stromes lauerten. Damals wimmelte es auf Pellworm nämlich von Spatzen, die in der Landwirtschaft große Schäden anrichteten, weshalb die Gemeinde für jeden erlegten Spatzen eine Prämie von 5 Pfennigen ausgesetzt hatte. Nun saßen die Stromleitungen voll von diesen Vögeln, und die Knaben rechneten damit, daß der Stromschlag die Vögel töten würde, so daß anschließend ein großes Geschäft zu machen sei. Wie groß aber war die Verblüffung und Enttäuschung, als nichts dergleichen geschah.

Die damalige Windrose speicherte überschüssige Energie in einer Batterie, deren Kapazität bei Windstille jedoch nach 2 – 3 Tagen erschöpft war. Auch aus diesem Werk konnte nur Strom für die Beleuchtung, nicht aber für Elektromotoren erzeugt werden. Zusätzlicher Strom wurde ab 1937, ebenfalls durch Privatinitiative, mit zwei Dieselaggregaten erzeugt, doch kostete die Kilowattstunde etwa 65 Pfennige, und nach Kriegsausbruch machte sich bald Treibstoffmangel bemerkbar. Von diesen lokalen Einzelunternehmungen abgesehen, blieb in den meisten Höfen und Häusern weiterhin die Petroleumlampe in Gebrauch – bis dann mitten im 2. Weltkrieg die

»Schleswag« von Norderhafen auf Nordstrand (das schon seit 1937 über den Damm elektrifiziert war) eine 20 000-Volt-Leitung durch das Watt nach Pellworm verlegte und dann im Laufe der nachfolgenden Jahre alle Haushaltungen angeschlossen wurden.

Entsprechend der Technisierung der landwirtschaftlichen Betriebe war dann in den Nachkriegsjahren ein stark ansteigender Strombedarf die Folge. Nach Feststellungen der »Schleswag« ist der Stromverbrauch auf Pellworm überdurchschnittlich hoch, mit etwa 8 500 Kilowattstunden (im Landesmittel sonst 5 200 kWh) je Tarifkunden. Das liegt daran, daß andere Brennstoffe durch die Frachtkosten teurer sind, während der elektrische Strom ungeachtet des materiellen Aufwandes und der Kosten eines Seekabels zum gleichen Preis wie auf dem Festlande angeboten wird. Infolgedessen heizen viele Haushalte auf Pellworm mit Strom.

Zur Sicherung der Versorgung wurde deshalb in Zusammenhang mit der Elektrifizierung der Hallig Nordstrandisch-Moor im Jahre 1975 eine weitere 20 000 Volt-Leitung nach Pellworm projektiert, auf der Linie zwischen der genannten Hallig und Pellworm-Kraienhörn. Das Seekabel wurde durch Grüppelbagger und ein spezielles Einspülverfahren auf dem hohen festen Watt verlegt. Das Kabel, in einem Stück 6,3 km lang, liegt auf dem höheren Watt etwa einen Meter tief. In der Norderhever mußte es jedoch zum Schutze vor ankernden Schiffen 3 – 5 m tief eingespült werden. Die Kosten dieser zusätzlichen Kabelverbindung betrugen einschließlich der zuführenden Leitungen und Einrichtungen auf Nordstrandisch-Moor und Pellworm rund 3,8 Millionen DM – Beispiel des finanziellen Engagements von Land, Kreis und Schleswag für die Versorgung abgelegener Inseln und Halligen mit elektrischem Strom.

Die Beschreibung des nach Pellworm gelangten Fortschrittes wäre nicht komplett ohne das gegenwärtig wohl wichtigste technische Symbol – das Auto. Angesichts des heutigen Autoverkehrs in aller Welt, wie auch auf Pellworm, ist das Erscheinen des ersten Autos hier auf der Insel nicht ohne humorvolle, aber auch nachdenkenswerte Akzente. Es war im Jahre 1930, als sich August Thomsen einen Opel kaufte und damit die Inselbevölkerung in Aufregung versetzte. Ein Jahr später kam ein Lastkraftwagen des Fuhrunternehmers Anton Knudsen dazu.

Der damalige Amtsvorsteher Obsen-Jepsen aber wollte Kraftfahrzeuge, sei es aus Angst vor Unfällen oder des Straßenzustandes oder

Der Leuchtturm steht hoch im flachen Inselland

Abend an der Hooger Fähre

gar der Ruhe wegen, auf Pellworm nicht dulden und erließ eine entsprechende Verfügung. Als dieser dann kühn zuwidergehandelt wurde, folgte eine fast zweijährige Auseinandersetzung, die erst dann zugunsten der Autobesitzer entschieden wurde, als der Inseldoktor Wittenburg erklärte, daß ein Auto für Krankentransporte nötig sei.

Wenn es um fortschrittliche Versuche, insbesondere hinsichtlich der alternativen Energiegewinnung geht, macht Pellworm gegenwärtig von sich reden. Seit 1978 wurden mit Unterstützung des Bundesministeriums für Forschung und Technologie mehrere Windkraftanlagen für den Dauerbetrieb erprobt. Ab 1983 erfolgte durch Finanzierung aus Mitteln der EG die Anlage eines Solarkraftwerkes durch die AEG. Dieses eindrucksvolle Solarfeld mit über 17 500 Modulen hat eine Gesamtleistung von 300 kW und dient vor allem der Versorgung des Kurzentrums.

Der Leuchtturm

Bei der Überfahrt nach Pellworm, von Fährschiff aus gesehen, erhebt sich über der waagerechten, auf dem Meereshorizont ruhenden Linie des Deiches der feine, senkrechte Strich des Leuchtturmes – Wächter über die Einfahrt nach Husum und über das Fahrwasser rund um Pellworm und Nordstrand und Warner vor den gefährlichen Sänden und Untiefen, die immer wieder, besonders auf Süderoogsand zu Strandungsfällen geführt haben.

Der Leuchtturm wurde in den Jahren 1905 – 07, in einer Zeit, als durch die preußischen Wasser- und Schiffahrtsbehörden auch auf anderen Inseln und Halligen ähnliche Haupt- nebst Quermarken- und Unterfeuer entstanden, durch die Firma Pintsch aus Dresden gebaut. Um dem Turm auf dem teils moorigen Untergrund von Pellworm einen sicheren Stand zu geben, mußten rund 150 Pfähle von 16 m Länge in den Boden gerammt werden. Darauf wurde ein etwa 1,50 m starker Betonblock gelegt, und dieser trägt das eigentliche, knapp 3 m hohe Fundament. Der Turm selbst besteht aus 8 übereinandergesetzten, sich nach oben verjüngenden Eisenringen, und der Kuppel mit dem Lichtsystem. Insgesamt ist der Pellwormer Leuchtturm knapp 40 m hoch.

Obwohl die Insel seinerzeit noch keine Elektrizitätsversorgung hatte, wurde das Leuchtfeuer von Anfang an elektrisch betrieben. Den dazu nötigen Strom lieferten Akkumulatoren, die von zwei Rohölmotoren wechselweise aufgeladen wurden. Erst im Jahre 1949 erfolgte der Anschluß an das Stromnetz der Schleswag.

Der erste Leuchtturmwärter hieß Otto Nötzel und stammte aus Danzig. Ihm folgten die Wärter Matthiessen bis 1928 und Duwe bis 1945. Dann zog Bruno Kiaulehn in das Leuchtturmwärterhaus, ehe er als Oberleuchtfeuerwärter nach Helgoland versetzt wurde und sein Sohn Gerhard die Stelle auf Pellworm übernahm. Gerhard Kiaulehn war der letzte Leuchtturmwärter auf der Insel. In seiner Zeit erfolgte die Automatisierung aller Leuchtfeuer durch das zuständige Wasser- und Schiffahrtsamt Tönning. Dies war auf Pellworm 1977 der Fall. Seitdem wird das Licht durch eine Selenzelle automatisch entsprechend der Dunkelheit ein- bzw. ausgeschaltet.

Abgebaut wurde auch 1980 das auf Pfählen stehende Unterfeuer auf dem Ochsensand.

Friesisch und Plattdeutsch

Auf der nordfriesischen Insel Pellworm wird heute von den eingeborenen Insulanern fast ausschließlich Plattdeutsch gesprochen. Das war nicht immer so. Vor der großen Flut von 1634 dominierte die friesische Sprache, wofür es neben entsprechenden Berichten verschiedener Chronisten auch einige literarische Beweise gibt. Eines davon ist der Anno 1611 von dem Prediger und Chronisten Anton Heimreich verfaßte Morgengesang. Als Beispiel des alt-nordstrander Friesisch folgt hier eine Strophe mit Übersetzung:

»Min Hüß, min Hoeff, min Leeven,
Min göd, min göe Wen,
Ün wat Du mi örs jeeven:
Wüff, Beern ün hiele Kenn,
nam du, o God in aacht.
That awr mi ün hat minne,
Di böse Gist ich finne
mey ünig Waalt ün Macht«

Mein Haus, mein Hof, mein Leben,
Mein Gut, meine guten Freunde,
Und was Du mir noch gegeben:
Weib, Kinder und Verwandte,
nimm du, o Gott in acht.
Daß über mich und das meine,
der böse Geist nicht finden
mag irgend Gewalt und Macht.

Die vorgenannte Sturmflut mit ihren vielen Toten, die Auswanderung von Einwohnern, die ihrer Deichpflicht nicht mehr nachkommen konnten – andererseits die Einwanderung vieler fremder Deicharbeiter und auf dem benachbarten Nordstrand das Seßhaftwerden von Niederländern, bewirkten sehr bald den Niedergang der friesischen Sprache. Zwar berichtet Johann Laß aus der Zeit um 1757, »daß die Pellwormer unter sich mehrenteils friesisch sprechen, doch der deutschen (= plattdeutschen) Sprache ebenso mächtig sind wie der vorerwähnten«. Auch Hansen nennt aus derselben Zeit das Friesische noch als vorherrschend, aber durch die umfangreiche Ab- und Einwanderung war um 1800 kaum noch eine friesisch sprechende Familie zu finden.

Einige wenige friesische Sprachreste sind aber noch heute im Pellwormer Platt anzutreffen. Karl Hansen hat dazu in seiner »Chronik von Pellworm« mehrere Beispiele gegeben. So heißt Rindvieh auf Pellworm »Tüch«, auf Föhr/Amrum, wo heute noch friesisch gesprochen wird, »Tjüch«. Das Verzögern der Zeit oder eines Vorhabens wird auf Pellworm »njasen«, auf Föhr/Amrum »njasken« genannt. Und ein drittes Beispiel ist das Wort »mack« für die Vertrautheit eines Tieres gegenüber dem Menschen. Auf Föhr/Amrum heißt dieses Verhalten »määk«.

In der isolierten Lage hat natürlich das heutige Pellwormer Platt seinen eigenartigen, sehr gemütlich und vertraut wirkenden Klang entwickelt und bewahrt.

Ganz ausgeprägt ist im Pellwormer Sprachgebrauch auch die treffsichere Verleihung sogenannter »Nöckernamen«, zumal es bei den zahlreichen Stammnamen Hansen, Petersen, Clausen, Jensen usw. leicht Verwechselungen geben kann. Nicht wenige Pellwormer tragen solche »Nöckernamen« und sind teilweise überhaupt nur unter diesem Namen bekannt. Johann Hansen heißt beispielsweise Johann

»Pütt«, weil er bei den Pütten wohnt. Anton Dethlefsen, Geschäftsführer der Spar- und Darlehnskasse ist nur als Anton »Bank« bekannt. Und weil Anton Lucht einmal in Kanada war, heißt er nun Anton »Kanada«. Martin Petersen wird Martin »Bart« genannt, weil er um 1960 herum, als es noch nicht Mode war, als erster einen Bart trug. Und Nicolai Petersen kann nur Nicolai »Mapp« heißen, weil er die Lesemappe austrug. Andere Pellwormer bekamen ihren »Nöckernamen« nach dem Beruf. Der Malermeister Heinrich Petersen wird natürlich Hein »Maler« genannt, der Schmied Anton Jensen heißt Anton »Schmied« und so weiter und so fort. Diese »Nöckernamen« sind, wie gesagt, derart im Sprachgebrauch verfestigt, daß bei Nennung des richtigen Namens nicht selten gefragt wird: »Wer is dat?«

Bevölkerungswandel

In Zusammenhang mit Sturmfluten hat die Bevölkerung von Pellworm trotz der relativ abgeschiedenen Lage durch Jahrhunderte eine mehr oder weniger umfangreiche Veränderung durch Ab- und Einwanderung erlebt. Alteingesessene Einwohner und Familien mußten, weil sie die Deichlasten nicht mehr aufbringen konnten, die Heimatinsel verlassen – Deicharbeiter und landwirtschaftliche Hilfskräfte wanderten vom Festlande ein. So kam es unter anderem auch zum erwähnten Sprachenwechsel.

In der zweiten Hälfte des 19. und in den ersten Jahrzehnten des 20. Jahrhunderts erfolgte eine umfangreiche Auswanderung nach Nordamerika, »veranlaßt durch den Mangel an Arbeitsgelegenheit infolge Einschränkung des Ackerbaues und weniger Deicharbeit« (Börensen, 1908). Der Deichbau hatte bisher immer vielen Familien, insbesondere den »kleinen Leuten« Brot gegeben. Nach Sicherung des Deichfußes mit einer Steinpackung und dem Aufkommen der Technik, wurden aber viel weniger Arbeitskräfte benötigt.

In der Zeit von 1835 bis 1956 hat sich die Bevölkerungszahl von Pellworm kaum verändert. 1835 wurden 1753 Einwohner, im Jahre 1905 deren 1817 und im Jahre 1956 auf der Insel 1844 Einwohner gezählt. In den letzten Jahrzehnten machte sich infolge Abwanderung dann ein fast dramatischer Bevölkerungsrückgang, vor allem von jun-

Auf Pellworm gibt es kaum geschlossene Ortschaften. Die großen Bauernhöfe liegen, oft für sich allein, auf hohen Warften, während sich die Wohnhäuser, wie hier auf Tilli, längs der Deiche aneinanderreihen

gen Leuten, bemerkbar. Sie verließen und verlassen ihre Heimatinsel wegen Mangel an Ausbildungs- und Arbeitsplätzen, um auf dem Festland Anschluß an die wirtschaftliche Entwicklung mit dem entsprechenden Lebensstandard zu finden – und nehmen dafür den Verlust der insularen Gemeinschaft und Individualität in Kauf.

Zwischen 1960 und 1975 ist die Einwohnerzahl von Pellworm um mehr als ein Viertel zurückgegangen, nämlich von reichlich 1 700 auf knapp 1 300. Genau 521 Insulaner haben in dieser Zeit ihrer Insel den Rücken gekehrt, während infolge der Fremdenverkehrs-Konjunktur auf anderen Inseln, so auf Föhr und Amrum, die Bevölkerungszahl um 14 % stieg. Von den 42 Ehepaaren, die in der Zeit von 1973 – 76 heirateten, blieben nur 7 auf Pellworm. Die zwangsläufige Folge ist eine niedrige Geburtenrate, im genannten Zeitraum nur 29 Kinder, gegenüber 91 Verstorbenen. Und eine weitere Erscheinung dieser

Entwicklung ist der überaus hohe Anteil älterer Menschen auf der Insel. Etwa 30% der Einwohner sind derzeit (1980) Rentner. 1988 zählte die Insel nur noch 1150 Einwohner, darunter 160 Schulkinder.

Wie schon erwähnt, sind es vor allem wirtschaftliche Erwägungen, aber auch solche von Schul- und Ausbildungsmöglichkeiten, die zur Abwanderung führen. Eine von der Kreisverwaltung Nordfriesland im Jahre 1975 in Auftrag gegebene Studie machte neben diesen Faktoren die tideabhängige Verkehrsanbindung zum Festlande und die Zusatzbelastungen der Insellage verantwortlich. Auf Pellworm wird durchschnittlich über 40 % weniger verdient, als in Schleswig-Holstein, während aber umgekehrt durch die Transport- und Frachtbelastung alle Güter wesentlich teurer sind als auf dem Festlande. Hochbauten erfordern einen etwa 20 %, Tiefbauten sogar einen rund 120 % höheren Kostenaufwand. Jeder landwirtschaftlich genutzte Hektar wird durch Frachtkosten mit über 100 DM belastet, jeder Einwohner mit 626 DM, stellt diese Studie fest.

Liliencron und Rungholt

Mitten im Großen Koog, zwischen der Neuen Kirche und dem Waldhusentief, liegt auf einer großen Warft ein von stattlichen Bäumen umsäumter Hof. Hier hat in der Zeit vom 1. März 1882 bis zum 1. Oktober 1883 der Dichter Detlev von Liliencron (geboren am 3. Juni 1844 in Kiel – gestorben am 22. Juli 1909 in Altrahlstedt bei Hamburg) gewohnt, der sich seinerzeit als Meister streng-lyrischer Strophen und Balladen, impressionistischer Natur- und Liebeslyrik sowie mit Balladen, Erzählungen, Romanen und einigen Dramen einen Namen machte.

Auf Pellworm lebte Liliencron aber nicht in seiner Eigenschaft als Dichter und Schriftsteller, sondern als Hardesvogt, nachdem er als preußischer Offizier nach den Feldzügen von 1866 gegen Österreich und 1870/71 gegen Frankreich seinen Abschied genommen hatte und in der Kommunalverwaltung ausgebildet worden war. Das Amt des Hardesvogtes war mit einer Vielzahl von Nebenämtern und Tätigkeiten verbunden.

Zuerst wohnte Liliencron in einer Gastwirtschaft, dann auf dem erwähnten Hof, wo sein kleines Zimmer als »Königliche Hardesvog-

Der »Liliencron-Hof«, wo der Dichter und Hardesvogt 1882–83 wohnte

Hallig Südfall am Horizont – hier hat einst das legendäre Rungholt gelegen

tei« fungierte. Von hier aus verwaltete er sein Amt zwar nach den »allerhöchst und allergnädigst« erlassenen Verordnungen der preußischen Regierung in der Provinz Schleswig-Holstein, aber doch mit leichter Hand. Trotz seines verhältnismäßig kurzen Aufenthaltes hat sich der Vogt und Dichter sehr nachhaltig der Nachwelt und Geschichte Pellworms eingeprägt, nicht zuletzt durch »Geschichten«. Denn Detlev von Liliencron war – wie man heute sagen würde – ein Lebemann, der Wein, Weib und Gesang nicht verachtete. So bewilligte er den Gastwirten unbeschränkte Tanzerlaubnis, weil er auch selbst gern das Tanzbein schwang, und bald hatte er den Namen »Tanzbaron« an seinen Stiefelsporen. Kam er des Wegs daher, riefen besorgte Mütter ihre erwachsenen Töchter ins Haus. Und als er einmal in einer fröhlichen Zecherrunde nach seinem Lebenswunsch gefragt wurde, antwortete er: Den Hof Seegarden von Schulden frei, die Keller dieses Hofes voll von Wein und eine ganz bestimmte Dame als Haushälterin.

Bedingt durch seine Zechlust war der Dichter in ständiger Geldverlegenheit, da sein Gehalt, eine kleine Offizierspension und seine Verwundetenzulage nicht sehr hoch waren. Infolgedessen stand er überall, auch außerhalb der Insel, »in der Kreide«. Solche und ähnliche Geschichten sind auf Pellworm heute sicherlich weit mehr bekannt, als sein dichterisches Werk, von dem eine rational denkende Gegenwart nur noch das eine oder andere akzeptiert. Liliencron selbst hat aus seinem Lebensstil nie einen Hehl gemacht und diesem in mancherlei Gedichten, so auch in »Betrunken« Ausdruck gegeben. Als Offizier war er natürlich ein Patriot, und als sein oberster Dienstherr, Kaiser Wilhelm I. am 22. März Geburtstag hatte, zog Liliencron seine Uniform an, wanderte zum Deich und zog, sich gegen den Wind stemmend, den Säbel mit dem Ruf: »Es lebe der Kaiser!«

Natürlich hat die Insellandschaft auch seine dichterische Phantasie beflügelt. Sein hier im Norden wohl bekanntestes Werk aus der Pellwormer Zeit ist das Gedicht »Trutz, Blanke Hans«, das sich mit dem Untergang von Rungholt befaßt und lange in allen Lesebüchern deutscher Schulen stand. Es verdient wohl, hier noch einmal wieder vorgetragen zu werden:

Trutz, Blanke Hans

Heut' bin ich über Rungholt gefahren,
die Stadt ging unter vor fünfhundert Jahren.

Noch schlagen die Wellen da wild und empört,
wie damals, als sie die Marschen zerstört.
Die Maschine des Dampfers erzitterte, stöhnte,
aus den Wassern rief es unheimlich und höhnte:
Trutz, Blanke Hans

Von der Nordsee, der Mordsee, vom Festland geschieden,
liegen die friesischen Inseln in Frieden.
Und Zeugen weltenvernichtender Wut,
taucht Hallig auf Hallig aus fliehender Flut.
Die Möwe zankt schon auf wachsenden Watten,
der Seehund sonnt sich auf sandigen Platten.
Trutz, Blanke Hans

Im Ozean, mitten, schläft bis zur Stunde
ein Ungeheuer, tief auf dem Grunde.
Sein Haupt ruht dicht vor Englands Strand,
die Schwanzflosse spielt bei Brasiliens Sand.
Es zieht sechs Stunden den Atem nach innen
und treibt ihn sechs Stunden wieder von hinnen.
Trutz, Blanke Hans

Doch einmal in jedem Jahrhundert entlassen
die Kiemen gewaltige Wassermassen.
Dann holt das Untier tiefer den Atem ein
und peitscht die Wellen und schläft wieder ein.
Viel tausend Menschen im Nordland ertrinken,
viel reiche Länder und Städte versinken.
Trutz, Blanke Hans

Rungholt ist reich und wird immer reicher,
kein Korn mehr faßt selbst der größte Speicher.
Wie zur Blütezeit im alten Rom
staut sich hier täglich der Menschenstrom.
Die Sänften tragen Syrer und Mohren
mit Goldblech und Flitter in Nasen und Ohren.
Trutz, Blanke Hans

Auf allen Märkten, auf allen Gassen
lärmende Leute, betrunkene Massen.
Sie ziehen am Abend hinaus auf den Deich:
»Wir trutzen Dir, Blanker Hans, Nordseeteich!«
Und wie sie drohend die Fäuste ballen,
zieht leis' aus dem Schlamm der Krake die Krallen.
Trutz, Blanke Hans

Die Wasser ebben, die Vögel ruhen,
der liebe Gott geht auf leisen Schuhen.
Der Mond zieht am Himmel gelassen die Bahn,
belächelt der protzigen Rungholter Wahn,
Von Brasilien glänzt bis zu Norwegens Riffen
das Meer wie schlafender Stahl, der geschliffen.
Trutz, Blanke Hans

Und überall Friede, im Meer, in den Landen.
Plötzlich wie Ruf eines Raubtiers in Banden.
Das Scheusal wälzte sich, atmete tief,
und schloß die Augen wieder und schlief.
Und rauschende, schwarze, langmähnige Wogen
kommen wie rasende Rosse gezogen.
Trutz, Blanke Hans

Ein einziger Schrei – die Stadt ist versunken,
und Hunderttausende sind ertrunken.
Wo gestern noch Lärm und lustiger Tisch,
schwamm anderen Tages der stumme Fisch.
Heut' bin ich über Rungholt gefahren,
die Stadt ging unter vor fünfhundert Jahren.
Trutz, Blanke Hans!

Liliencron hat in diesen Versen Sage und Geschichte sowie dichteri-
sche Gestaltungsfreiheit auf dramatische Weise verwoben. Der
»Blanke Hans« ist eine hiesige Bezeichnung für die Nordsee. Das at-
mende Untier ist die Fabelerklärung für Ebbe und Flut. Die natürliche
Ursache – die Anziehungskräfte von Mond und bedingt auch der
Sonne war den damaligen Küstenbewohnern unbekannt.

Der Übermut im reichen Rungholt hat sich in einer Sage artikuliert, und der Untergang in einer großen Sturmflut des Jahres 1362 wurde als eine Art Gottesstrafe dargestellt, wie überhaupt Naturkatastrophen dieser Art von den Priestern jener Zeit als Gerichte des Himmels in deren »Bußpredigten« Ausdruck fanden. Rungholt war aber nicht eine blühende Hafenstadt mit Marktplätzen und sänftentragenden Mohren – wohl aber ein bedeutender Hafenort für die Verschiffung von Salz aus den nordfriesischen Salzsiedereien nach Holland, Hamburg und Dänemark und für den Getreideexport zu den genannten Städten und Ländern. Im Jahre 1921 wurde die Stätte von Rungholt wiederentdeckt und in jahrzehntelanger Arbeit, vor allem durch den Nordstrander Landwirt Andreas Busch, rekonstruiert. Busch unterteilte diesen, am Heverstrom nordwestlich und südlich der heutigen Hallig Südfall gelegenen Ort in das eigentliche Rungholt mit 9 Warften, darunter einer Kirchwarft, sowie in »Lütke Rungholt« (Klein-Rungholt) mit 7 Warften und dem Nebenort Niedamm mit weiteren 7 Warften. Gefunden wurden Sodenbrunnen, Pflugfurchen, Warftreste, Entwässerungsgräben, das Deichsiel mit dem Hafengebiet, Haus- und andere Geräte, wie sie auch in jüngster Zeit noch gelegentlich zum Vorschein kommen.

Ein Rest von Rungholt bleibt aber für immer verborgen. Denn über dieser Stätte lagerte sich später Schicht um Schicht die Hallig Südfall, die vermutlich weitere Zeugen unter sich begraben hält.

Pellwormer Vogelwelt

Die überschaubare, durch die insulare Lage in sich abgerundete Vogelwelt von Pellworm hat schon im vorigen Jahrhundert ihre Beobachter gefunden. Kein geringerer als der Altmeister der Ornithologie, Johann Friedrich Naumann, besuchte Ende Mai 1819 auf einer Rundreise durch die nordfriesischen Inseln auch Pellworm und »sah gleich beim Betreten dieses wohlhabenden Landes zwey Avosetten« (= Säbelschnäbler). »Aus dem sehr guten Wirtshaus am Hafen Tammensiel hatte die kleine Reisegesellschaft Aussicht auf ein nahes Binnenwasser, das von Vögeln außerordentlich besucht war . . .« Dieses Binnenwasser ist auch noch heute vorhanden und unverändert ein Sammelplatz von See- und Wasservögeln geblieben.

Insbesondere war Naumann fasziniert von der Art, wie Säbelschnäbler mit dem aufwärtsgebogenen, im flachen Wasser hin- und herfahrenden Schnabel unter langsamem Voranschreiten ihre Nahrung erbeuteten. Besonderes Interesse erweckte naturgemäß die Vogelwelt »auf dem großen Vorlande im Norden der Insel«, den damals noch uneingedeichten Flächen von Norderhallig, Langeland und Buphever, »wo unzählige Pärchen Austernfischer, Sandregenpfeifer, Säbelschnäbler, Rotschenkel, Alpenstrandläufer, aber auch Kampfläufer« ihre Nester hatten. Ebenso waren Küstenschwalben und Silbermöwen als Brutvögel vertreten, »und unzählige Scharen von ziehenden Limicolen und Ringelgänsen verfinsterten die Luft«. Im Innern der Insel registrierte Naumann auf den Wiesen »allenthalten Kiebitze, Streitschnepfen (= Kampfläufer), Rotschenkel, Säbelschnäbler, Küstenseeschwalben und schwarze Meerschwalben (= Trauerseeschwalben). Auf den Binnengewässern wurden gemeine Mewen (= Lachmöwen) als Brutvögel angetroffen, ferner Stockenten sowie Knäck- und Löffelenten in geringerer Zahl . . .«

Eine weitere, interessante Übersicht über die Pellwormer Vogelwelt im 19. Jahrhundert vermittelt uns der Husumer Gymnasiallehrer Joachim Rohweder. Er besuchte Anfang Juni 1886 die Insel und notierte hier neben den typischen Wiesenlimicolen das »hunderttönige Gezwitscher der Stare und Sperlinge, die in großer Zahl über die ganze Insel verbreitet sind . . .« Letztere waren zeitweise so zahlreich, daß im Jahre 1908 und später eine Kopfprämie von 5 Pfennigen ausgesetzt war, so daß vor allem Knaben den Sperlingen mit Eifer und allerlei Mitteln nachstellten. »In den geschützten, buschreichen Gärten sang der Gartenlaubsänger (= Gelbspötter), der hier die Ehre genießt, »Nachtigall« genannt zu werden. An etwa 10 Stellen rief der Kuckuck und überall waren die weiße und die gelbe Bachstelze (= Schafstelze) anzutreffen. Aus dem Rohr, dem Weidengebüsch und aus Kornfeldern drang das Geschirze des Teichrohrsängers, wovon auf der ganzen Insel etwa 100 gezählt wurden, während der Schilfrohrsänger mit etwa 10, der Sumpfrohrsänger mit 2 Paaren vertreten war. Auch Wiesenschmätzer (= Braunkehlchen) und Steinschmätzer waren überall anzutreffen, ersterer etwas häufiger. Reges Leben herrschte über einem Tief, das sich weit durch die Insel zog (Waldhusentief). Hier

Die Trauerseeschwalbe – ein seltener Brutvogel auf Pellworm

Pütten und Teiche sind von bunten Brandgänsen belebt

schrie der Kiebitz mit dem Rotschenkel um die Wette, und auf dem Schlamm des Ufers brütete in zahlreichen Gesellschaften die Trauerseeschwalbe. Rohrammern sangen im Schilf.« Rohweder vermißte jedoch im westlichen Pellworm das schwarze Wasserhuhn (= Teichralle), »da es das salzhaltige Wasser der im Westen der Insel liegenden Tiefs nicht liebt.« Doch wurde die Teichralle auf dem brackigen Wasser im östlichen Inselteil notiert. An Greifvögeln wurde ein Exemplar der Rohrweihe gesehen, »doch ist es wahrscheinlich, daß sie in den vielen Schilffeldern hier und da horstet.« Von außergewöhnlichem Interesse war auch die Turmruine der Alten Kirche. »Schon aus der Ferne fiel auf der Spitze der Ruine ein Storchennest auf, das einzige auf der Insel (Es blieb noch bis eben vor 1900 besetzt), und bald sah ich auch einige Turmfalken den Bau umschweben. Näherkommend bemerkte ich dann mit Verwunderung die große Menge der Stare, die hier in den Löchern Brutstätten gefunden haben. Dohlen, die hier früher nisteten, sind durch stete Nachstellung vertrieben worden. Man hat sie als Körnerfresser weggeschossen. Wie häufig sie gewesen sein müssen, geht daraus hervor, daß die zur Neuen Kirche gehörende Gemeinde die Alt-Kirchler mit dem Spitznamen »Kauken« belegte. Die Vertreibung geschah erst vor wenigen Jahren. Ausgestorben sind auch die ca. 1854 durch Herrn Kammerrat Muhl eingeführten Rebhühner, nachdem sie sich ein paar Jahre gehalten haben. Von anderen Landvögeln nenne ich der Vollständigkeit halber die Lerche und Grauammer, beide außerordentlich häufig, ferner die Rauchschwalbe und etwas weniger die Hausschwalbe (= Mehlschwalbe). Recht häufig soll dagegen die Schleiereule sein, die hier mehrfach mit Tauben zusammen nistend in einem Schlage gefunden ist ...«

Eine weitere, kurzgefaßte Übersicht gibt uns H. Börnsen in »Pellworm, wie es war und ist«, im Jahre 1908. Auch hier dominieren die Wiesen-Limicolen und zusätzlich wird als Brutvogel die von Rohweder nicht genannte Blessralle erwähnt.

Pellworm ist immer noch eine Insel vielfältigen Vogellebens, aber vom einstigen Reichtum, auch der Artenzahl, sind nur noch Reste vorhanden. Die Vorlandflächen im Norden sind bis auf einige Flächen eingedeicht und mehrere der binnendeichs liegenden »Pütten« trockengelegt. Eine Bestandsaufnahme der auf Pellworm brütenden Limicolen, Möwen und Enten durch Schönfeld/Meesenburg ergab im Jahre 1962 das nachstehende Resultat:

Brandgänse, 75 Brutpaare – Austernfischer, 1 100 BP. – Kiebitz,

750–850 BP. – Sandregenpfeifer, 18–20 BP. – Seeregenpfeifer, 5 BP. – Rotschenkel, 450 BP. – Säbelschnäbler, 47 BP. – Silbermöwe, 5 BP. – Lachmöwe, 50 BP. – Flußseeschwalbe, 3 BP. – Küstenseeschwalbe, 60 BP. – Trauerseeschwalbe, 2 BP. – Kampfläufer, 8 balzende Hähne – Uferschnepfe, 17 BP. – Stockente, häufig – Knäckente, 5 BP. – Löffelente, 10 BP, Krickente, 1 BP. Auch diese Zahlen haben inzwischen ihre Gültigkeit verloren. Als der Verfasser in den Jahren 1979 und 1980 die Insel besuchte, waren jene Arten, die früher ohnehin nur in geringer Zahl auftraten, ganz verschwunden, z.B. Seeregenpfeifer, Kampfläufer, Trauerseeschwalbe, Silbermöwe. Und in Zusammenhang mit dem allgemeinen Rückgang war auch das charakteristische Lied der Grauammer nirgends mehr zu hören, ebenso scheint der Kuckuck nunmehr ganz zu fehlen. Andere Arten, wie Säbelschnäbler und Uferschnepfe, sind nach einer vorübergehenden Vermehrung und Ausbreitung in den 1960–1970er Jahren wieder auf dem Rückzuge. Dafür hat sich auf der anderen Seite die Zahl der Singvögelarten infolge vermehrter Anpflanzungen um einige vergrößert. Überall hört man aus hohen Bäumen die Rufe der Ringel- und Türkentauben (Ein Paar der erstgenannten Art brütete in der Nische einer Reetdachgaube des Hotels »Friesenhaus«). In den Gärten singen Fitis, Gelbspötter, Kohlmeisen, Amseln und Hänflinge sowie Grünfinken. Neu in der Pellwormer Ornis ist auch der Fasan, der 1960 durch den Jagdpächter Johann Heinrich Petersen eingebürgert wurde. Geblieben ist das Turmfalkenpaar, das noch immer seine Kreise um die Turmruine der Alten Kirche zieht, und in den hohen, dichten Bäumen auf dem Friedhof der Neuen Kirche riefen im Hochsommer 1979 junge Eulen, offenbar ausgeflogene Waldohreulen.

Neben den noch vorhandenen Pütten am Deich im Süden und im Westen der Insel ist das Waldhusentief im Großen Koog von besonderem Reiz. Hier ist noch eine kleine Kolonie von Säbelschnäblern vorhanden, die dem Wanderer mit klagendem »Klü – klü-klü-klü-klü« entgegenfliegen oder sich flügellahm stellen, um die Aufmerksamkeit von ihrer Brut abzulenken. Die Nester der Säbler liegen auf kleinen Humpeln dicht am oder im flachen Wasser und enthalten vier gelbgrüne Eier mit dunklen Flecken, ähnlich den Eiern auch der Austernfischer. Die Jungen dieser Limicolen sind »Nestflüchter«, die bald nach dem Schlüpfen von den Elternvögeln umhergeführt werden, aber schon vom ersten Tag an selbst ihre Nahrung suchen, vorwiegend Bodengetier. Nur die Austernfischer machen eine Ausnahme. Sie stochern Würmer und Insekten aus dem Boden oder holen Miesmuscheln aus dem Watt und legen bzw. halten sie ihren Jungen zum Aufpicken vor. Auch Sandregenpfeifer und Uferschnepfe sind im Waldhusentief noch zu sehen oder hören, und mit wütendem »Krriä« greifen hier die Küstenseeschwalben an, wenn man ihren Nestern zu nahe kommt. Ebenfalls befindet sich hier die derzeit größte Lachmöwenkolonie der Insel mit etwa 80 Paaren (1980). Die aufgeschichteten Nester liegen im feuchten Schilfgelände oder an der Uferzone. Ein komplettes Gelege enthält drei hühnereigroße, grüne oder braune Eier, die mit braunen Flecken übersät sind. Unentwegt ist das heisere, aufgeregte Rufen der an- und abfliegenden Lachmöwen zu hören.

Die Beobachtung dieser Vögel sollte aber nur mit Hilfe eines Fernglases aus gebührender Entfernung erfolgen, insbesondere in der Brutzeit, um Störungen zu vermeiden. Junge Limicolen, Möwen, Seeschwalben, Enten und Rallen sind, da sie als Nestflüchter nicht zusammengedrängt in einem Nest hocken, sehr kälteempfindlich und müssen häufig durch die Elternvögel unter die Flügel genommen und gewärmt werden.

Gut behaupten konnten sich jene Vogelarten, die auf Pellworm schon immer häufig waren, wie Austernfischer, Kiebitz und Rotschenkel. Sie sind nach wie vor über die ganze Insel verbreitet und erfüllen den ganzen Sommer hindurch die Insellandschaft mit ihren Stimmen. Charakteristisch sind im zeitigen Frühjahr die kopfheisternden Balzkapriolen der Kiebitz-Männchen, die einem Weibchen »imponieren«, gleichzeitig aber auch gegenüber anderen Kiebitzpaaren ihr Brutrevier »abgrenzen« wollen. Schon ab Anfang April findet man offen am Boden die Nester mit den vier Eiern, die auf grüner Grundfarbe dicht gefleckt und infolgedessen gut getarnt sind. Wenig später erklingt das melodische Läuten, das »Tjüü – tjüü – tjüü« der Rotschenkel über die Marschenwiesen, und Tag und Nacht durchdringen Austernfischer-Rufe die Luft. Auffallend ist auch die Häufigkeit von Brandgans-Paaren, die von Naumann und Rohweder eigenartigerweise nicht erwähnt werden. Überall auf Teichen, Pütten und Tiefs schwimmen diese farbenprächtigen Vögel umher oder sitzen paarweise an den Grabenkanten. Obwohl sie eigentlich Höhlenbrüter sind und vorwiegend auf Düneninseln nisten, wo es Wildkaninchenhöhlen gibt, scheinen sie auf Pellworm genügend anderweitige Gelegenheiten im dichten Gras, in Schilfhaufen usw. zu finden. Ebenso ist die Stockente eine regelmäßige Erscheinung.

*Stockente
mit Jungen*

Lachmöwe

Kiebitz

Rotschenkel

Austernfischer

Säbelschnäbler

Neben den Brutvögeln lassen sich auf Pellworm zahlreiche Gast- und Zugvögel beobachten. Schon auf der Schiffsreise ab Nordstrand stellen sich die großen Silbermöwen als Schiffsbegleiter ein und warten darauf, daß man ihnen Brotreste zuwirft. Und oft ziehen sie, als geschickte Segelflieger die Aufwinde der Deiche nutzend, ohne Flügelschlag in majestätischer Ruhe über die Deichkronen hin. Sie haben ihre Brutplätze auf den südlich und seewärts von Pellworm liegenden Halligen Südfall, Süderoog und Norderoog und in den Dünen von Amrum. Von der großen Brandseeschwalben-Kolonie auf Norderoog kommen auch gelegentlich einige beim Fischen bis an den Pellwormer Deich, und mit einem silberglänzenden Tobiasfisch ziehen sie dann wieder westwärts zur Bruthallig, um dort den brütenden Partner oder die Jungen zu versorgen.

Im Frühjahr und Herbst belebt sich das Watt rund um Pellworm mit zigtausenden von Zugvögeln, von Strandläufern, Pfuhlschnepfen, Brachvögeln und anderen Limicolen. Auch die Wiesen sind voll davon. Im Osten der Insel, im Windlee des Deiches liegen zahlreiche nordische Wildentenarten auf dem Wasser, und auf den Salzwiesen fallen Scharen schwarzgrauer Ringelgänse ein, um das kurze Salzgras zu äsen. Sie treten, namentlich im Frühjahr auf den benachbarten Halligen zu zehntausenden auf und reduzieren die Grasnarbe zum Nachteil der viehhaltenden Halligbauern so erheblich, daß durch die Naturschutzbehörden eine finanzielle Entschädigung geleistet wird. Erst Mitte – Ende Mai ziehen die Ringelgänse zu ihren Brutplätzen im sibirischen Eismeer.

Verglichen mit der Vogelwelt gibt es auf Pellworm nur wenige *Säugetiere*. Verständlicherweise kann sich die Artenzahl der Säugetierfauna einer so abgelegenen Insel kaum, es sei denn durch direktes oder indirektes Mitwirken des Menschen verändern. H. Börensen berichtet im Jahre 1908 über das verstärkte Auftreten von Wanderratten, die den früher häufigen Froschbestand erheblich dezimierten. Die Ratten sollen mit dem Buschwerk für den Buhnenbau zur Insel gelangt sein, und vergeblich setzte die Gemeinde eine Prämie von 5 Mark (um 1920) aus, um diese unwillkommenen Tiere wieder auszurotten. Ebenso erwähnt Börensen, daß der Igel ziemlich häufig ist und man gelegentlich das Wiesel sieht, selten hingegen die Fledermaus. Auch der Hase gedeiht auf Pellworm recht gut. Er wurde seinerzeit durch Kammerrat Muhl hier ausgesetzt.

Gegenwärtig ist nach Auskunft des Hegeringleiters Joh. Heinrich

Silbermöwe – Segelflieger im Aufwind des Deiches

Ringelgänse auf dem salzigen Vorland

Petersen das Wiesel ganz verschwunden und der Igel selten geworden. An Ratten kommen Haus- und Wasserratten vor. Der Hase hat sich in der Kulturlandschaft gut behauptet, wie beispielsweise die Jahresstrecke von 675 Stück im Jagdjahr 1977/78 beweist. 1978 tauchte auch ein Rehbock auf der Insel auf, der über das Watt gekommen war. Beim Zurückwechseln nach Nordstrand ist er jedoch ertrunken.

Pflanzen vor und hinter dem Deich

Auf den landwirtschaftlich genutzten Weiden und Äckern der Insel Pellworm wird man zwischen den »Nutzpflanzen« verständlicherweise keine artenreiche Unkraut- und Blütenflora finden. Hier herrscht, wie überall, die Monotonie der vereinheitlichten »Wirtschaftsvegetation« vor. Umso interessanter sind deshalb die Pütten, Teiche und Gräben mit ihrer charakteristischen Pflanzenwelt, sowie die von menschlichen Einflüssen verschonten Grabenkanten und Wegränder. Sie wurde im Jahre 1971 durch K. Grosch und E. W. Raabe vom Botanischen Institut in Kiel untersucht. In elf Analysen, verteilt über die ganze Insel, wurde zunächst eine gewisse Übereinstimmung mit der benachbarten Insel Nordstrand festgestellt, so das Fehlen markanter »Festlandspflanzen« wie Wiesenkerbel, Bärenklau und Labkraut, ebenso die Reduzierung des Anteiles von Gemeinem Straußgras, das auf Pellworm, wie auch auf Nordstrand vom Weißen Straußgras (Agrostis alba) ersetzt wird. Doch fehlen auf Pellworm einige charakteristische Vertreter der Nachbarinsel: der Rote Bocksbart und das Rautenblättrige Kreuzkraut.

Das blumenbunte Bild Pellwormer Wegränder wird vor allem bestimmt durch die Wiesenplatterbse (Lathyrus pratensis), Rotklee (Trifolium Pratense) und Weißklee (Trivolium repens), Schafgarbe (Achillea millefolium), Vogelwicke (Vicia cracca) und der gelben Punkte und Sterne der Hahnenfußarten und des Löwenzahnes. Entsprechend dem zwar nicht sehr kalten, doch windbeherrschtem Meeresklima, sind Küste und Inseln für viele Pflanzen ein schwieriger Standort. Deshalb überwiegen hier die polyploiden Arten, die durch größere Daseintüchtigkeit ausgezeichnet sind. Von den 215 urwüchsigen Pflanzen Pellworms gehören nach einer Feststellung von Willi

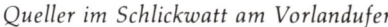

Strandflieder mit rosavioletten Blütenkronen

Queller im Schlickwatt am Vorlandufer

Christiansen (»Flora der nordfriesischen Inseln«) über 62 % zu diesen Arten. Insgesamt wird die Zahl der Blütenpflanzen auf Pellworm mit 270 angegeben.

Für den binnenländischen Inselbesucher sind natürlich die Salzpflanzen von besonderem Interesse. Typische Vertreter dieser Arten, die gelegentliche Überflutungen mit Salzwasser vertragen, ja für ihr Dasein verlangen, zeigen uns das Ufer und die Grabenkanten der Vorländer »Junkershallig« südlich vom Hafen, sowie »Norderhallig« am Deich des Bupheverkooges. Auf tiefen Zonen, die vom normalen Hochwasser regelmäßig erreicht und überflutet werden, wachsen Porste des Englischen Schlickgrases (Spartina townsendii) und die handhohen, dickfleischigen Büschel des Quellers (Salicornia herbacea). Höher hinauf, der täglichen Überflutung schon entrückt, siedeln sich Strandsode (Sueda maritima), Strand-Dreizack (Triglochin maritimum) und Strandmelde (Atriplex littoralis) sowie der silberglänzende Strandbeifuß (Artemisia maritima) an, durchsetzt von der weißen Blütenfülle des Dänischen Löffelkrautes (Cochlearia danica) und später von den Blütensternchen der Salz-Schuppenmiere (Spergularia marina). Hier und da breitet sich fast rasenartig das Milchkraut (Glaux maritima) über den Boden hin, im Juni-Juli von einer Vielzahl rötlicher Blüten geschmückt, die sich zwischen den dicken Blättern verstecken.

Zu den weiteren Vertretern dieser Pflanzengesellschaft auf dem Vorlande gehören die violett blühende Strandaster (Aster tripolium) und der Strandflieder (Limunium vulgare) mit der breiten, rosavioletten Blütenkrone, Charakterpflanze auch der Halligen, wo sie »Bondestave« genannt wird. Am höheren Deichfuß kann sich die Grasnelke (Armeria maritima) behaupten, auf langem Stengel schwanken die rosa Blütenköpfe unablässig im Wind.

Doch hängt das Dasein und die Entfaltung all dieser Pflanzen nicht zuletzt von der Beweidung der Schafe auf Deich und Vorland ab, und oft muß man nach einzelnen Arten länger suchen.

Lebensraum Wattenmeer

Ebbe und Flut prägen Landschaft und Leben an der Nordseeküste. Es flutet reichlich sechs Stunden lang, bis zum höchsten Punkt »Hochwasser« – ebensolange zieht sich das Wasser dann wieder zurück, zum tiefsten Punkt »Niedrigwasser«. Ursache dieser Naturerscheinung sind Anziehungskräfte des Mondes und Fliehkräfte auf der mondabgewendeten Seite der Erde. Alle 14 Tage stehen Mond und Sonne in einer Geraden, dann läuft durch die zusätzliche Anziehungskraft der Sonne einige Tage »Springflut« auf, mit einem 30 – 50 cm höheren Wasserstand. Ebenso gibt es aber auch eine »Springebbe« mit entsprechend tieferem Niedrigwasser. Der Unterschied zwischen Hoch- und Niedrigwasser, der »Tidenhub«, beträgt an den Küsten Pellworms durchschnittlich 2,50 m.

Bei Ebbe fällt rund um Pellworm, im Osten bis zur Hamburger Hallig am Festlande, im Norden bis Hallig Hooge und den vorgelagerten Seesänden und im Westen über Hallig Süderoog hinaus bis Süderoog-Sand ein riesiger Wattenraum trocken, durchzogen von Prielen und Wattenströmen. Nur im Süden von Pellworm ist die Ausdehnung der Wattenflächen geringer, weil hier die mächtige Norderhever, ein insgesamt 32 km langer, bis 2 km breiter und im Mittellauf bis etwa 30 m tiefer Wattenstrom der Inselküste sehr nahe kommt. An der Ost- und Nordostküste von Pellworm liegen Flächen von Schlickwatt, während sich nach Nordwesten und Westen hin feste Sandwatten ausdehnen.

Diese eigenartige Landschaft ist der Lebensraum einer vielfältigen und oft in Massen auftretenden Tierwelt, die man zum Teil durch die Flut am Deich angespült findet oder auf Wattenwanderungen entdecken kann. Der »Flutsaum«, die tägliche Hochwassermarke der Nordsee, wird vor allem mit Seegras sowie Meerespflanzen gebildet. Hier sind es vor allem Brauntange, im Sommer aber auch Grünalgen, vorwiegend die zarten Lappen des Meersalates. Knapp handgroße, goldbraune Büschel von See- oder Korallenmoos, die auch nicht selten sind, täuschen den Pflanzenstatus aber nur vor. Hier handelt es sich um Polypenstöcke, die draußen in den tieferen Prielen wachsen.

Von den Seetieren sind Muscheln und Schnecken verschiedenster Arten zu finden – doch sind es ja nur noch die leeren Schalen und Gehäuse von Weichtieren, die in der Uferzone und draußen im Watt le-

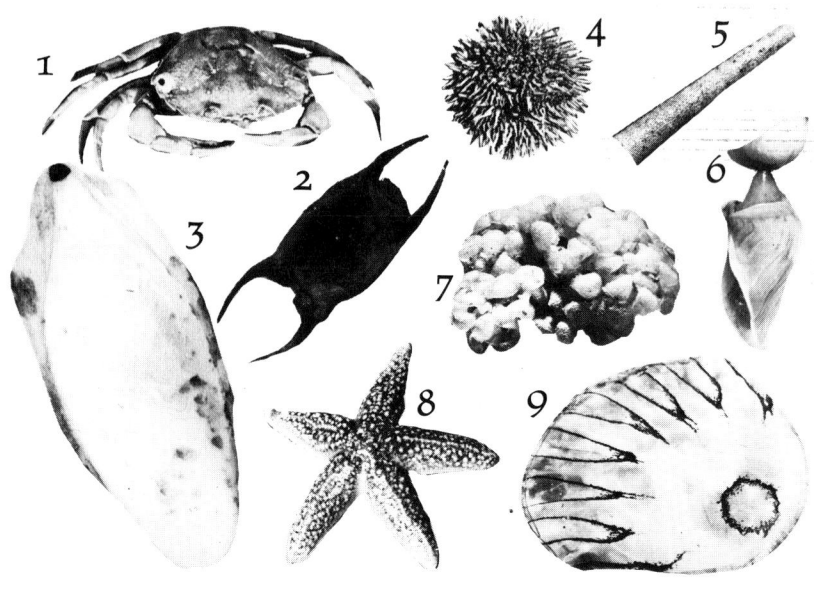

Funde im Flutsaum

1 Strandkrabbe
2 Eikapsel des Rochens
3 Schulp des Tintenfisches
4 Strandigel
5 Röhre des Köcherwurmes
6 Entenmuschel
7 Eiballen der Wellhornschnecke
8 Gemeiner Seestern
9 Kompaßqualle

Muschelschalen am Strande

1 Große Sandklaffmuschel
2 Gestutzte Klaffmuschel
3 Herzmuschel
4 Große Bohrmuschel
5 Plattmuschel
6 Pfeffermuschel
7 Dreieckmuschel
8 Amerikanische Bohrmuschel
9 Trogmuschel
10 Miesmuschel
11 Auster
  Unten rechts Gehäuse der Wellhornschnecke

ben. Im Sommer treiben zu verschiedenen Zeiten, vor allem wenn es warm ist und Ostwind weht, oft massenweise Quallen an. Es sind vor allem Ohrenquallen, blauschimmernde Wurzelmundquallen, mit deutlicher Zeichnung versehene Kompaßquallen und gelegentlich auch die großen, gelblich-trüben Haarquallen, vor deren Berührung man sich hüten sollte.

Besonders interessant ist der Flutsaum nach Sturmfluten. Dann sind – sofern einem nicht Silbermöwen zuvorgekommen sind – auch Strandigel, Seesterne, Strandkrabben und manchmal Entenmuscheln zu finden. Letztere sind eigenartige, daumengroße Krebstiere, deren zartblaue Schalen an Schäften auf Schwimmkörper gehaftet sind. Sie leben weit draußen, freischwimmend in der Nordsee. Regelmäßige Funde sind hingegen die faustgroßen Eiballen der Wellhornschnecke, die bis zu 25 cm langen kalkartigen Schulpe der Tintenfische und die braunschwarzen Eikapseln der Nagelrochen (Siehe Abbildung »Funde im Flutsaum«).

Das Watt gehört zu den, von Tieren am dichtesten besiedelten Lebensräumen unserer Erde. Schon am Ufer entdeckt man auf Buhnen, Brückenpfählen und anderen Festkörpern, die Vielzahl der Strandschnecken, die hier ruhen oder in träger Bewegung sind. Dich an dicht haben sich dort Seepocken, Rankenfüßler, die zu den Krebstieren gehören, mit ihren weißen Kalkgehäusen festgesetzt.

Besonders groß ist die Lebensdichte im Schlickwatt. Dort leben bis zu 50 000 der millimeterkleinen Wattschnecken pro Quadratmeter, und im Boden hört man ein eigenartiges Wispern und Knistern der winzigen Schlickkrebse, die mit langen Fühlern auf Nahrungssuche sind. Charakteristisch für das Sandwatt sind dagegen die »Sandkringel« der Wattwürmer, die in U-förmigen Röhren im Boden leben und den durchgekauten Sand in Form dieser Kringel nach oben herausdrücken. Die meisten Tiere bleiben dem Wanderer aber verborgen, wenn er sie nicht mit Hilfe einer Schaufel zutage fördert. Alle Würmer – neben dem erwähnten Wattwurm sind es u. a. Seeringelwurm, Blutfadenwurm und der eigenartige Köcherwurm – leben eingegraben in Sand und Schlick. Das gilt auch für fast alle Muschelarten – bis auf die blauschwarze, oft große »Bänke« bildende Miesmuschel und die fast ausgestorbene Auster.

In den Prielen und Wattenströmen tummeln sich Garnelen und Strandkrabben, die mit der Flut bis an die Küste kommen, aber auch manche Fische, vor allem Plattfische (Goldbutt, Steinbutt, Sandscholle, Wattflunder, Klische u.a.) sowie Aale und Aalmuttern, Seescorpione und Steinpicker. Im Frühsommer ziehen Hornfische in großen Scharen durch das Watt, um hier zu laichen, und im Hochsommer erscheinen Makrelen und Meeräschen.

Die Wattenlandschaft mit ihren Sandbänken und Prielen ist auch die Heimat der Seehunde, die rudelweise an den Prielkanten ruhen, aber immer aufmerksam bleiben und sich bei Gefahr in die Tiefe des Wassers stürzen. Hier auf den Sänden werden im Juni-August die jungen Seehunde geboren, die bald nach der Geburt schon schwimmfähig sind – eine naturnotwendige Fähigkeit, da ihr Lebensraum bei der nächsten Flut nur aus Wasser besteht. Einige Seehundsbänke mit noch beachtlichen Beständen liegen westlich von Pellworm im Wattenstrom »Rummel-Loch«.

Seehunde – geruhsames Dasein auf den Sänden im Wattenmeer

INSEL
PELLWORM

Johanneshörn

FKK-Strand

Kl

Nor

Hoekhallig *Norde*

nach Hooge

Badestrand

Waldhusen

Hooger Fähre

Joh. Heimreich-Koog

Kleiner Koog

Schardeich

Parlament

Westermühle

Waldhusener Tief

Mittelster Koog

G r o ß e r K

Liliencronhaus

Arzthaus

Püttjegatt

✠ *Alte Kirche*

Gurde

Kriegerehrung

Alter Koog

Anto

Heim

Weste

de Wehle

Tammwarft

Süder mitteldeich

Schütting

Schmerhörn

Hunnen

Westerkoog

Untjehörn

Wattenweg
nach Süderoog

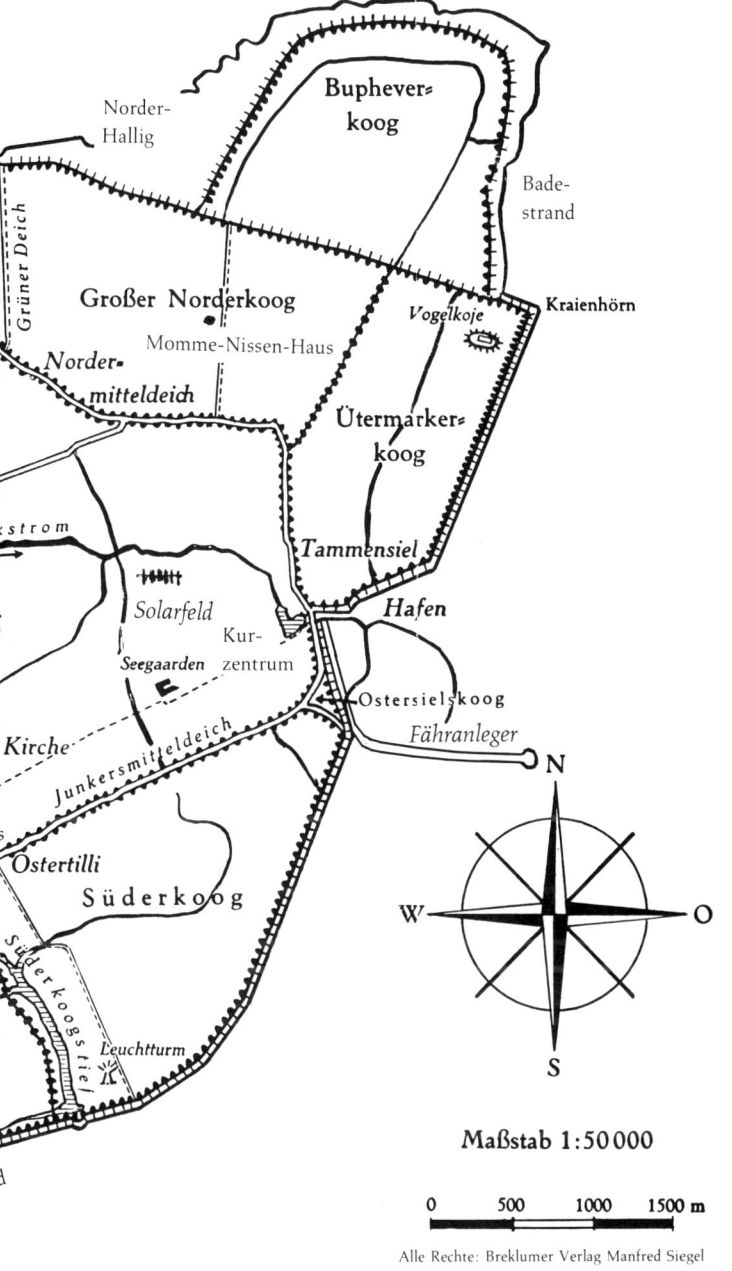

Norder-
Hallig

Bupheveer=
koog

Bade-
strand

Grüner Deich

Großer Norderkoog

Kraienhörn

Vogelkoje

Momme-Nissen-Haus

Norder-
mitteldeich

Ütermarker=
koog

kstrom

Tammensiel

Solarfeld

Hafen

Seegaarden

Kur-
zentrum

Ostersielskoog

Fähranleger

Kirche

Junkersmitteldeich

N

Ostertilli

Süderkoog

W   O

Süderkoogstiel

Leuchtturm

S

Maßstab 1:50 000

0   500   1000   1500 m

Alle Rechte: Breklumer Verlag Manfred Siegel

Quellen – Literatur

Börensen, H.: »Pellworm, wie es ist und war« Pellworm 1908

Carstens, Goslar: »Zur Geschichte des nordfries. Adels« im Nordfriesischen Jahrbuch 1937

Chamisso, Dorothea von: »Pellworm im Jahrhundert der großen Flut« St. Peter Ording 1986

Christiansen, Willi: »floro der nordfriesischen inseln«, Hamburg 1967

Dethlefsen, Alfred: »Unsere schönen alten Windmühlen«, »Sechsmal

Detlefsen, Gert Uwe: Unter Dampf und mit Motor nach Pellworm, Segeberg 1991

Pellworm«, »Kleine Pellwormer Postchronik«, u.a. aktuelle Beiträge in den Husumer Nachrichten.

Hansen, Karl: »Pellworm«, Breklum 1974

ders.: »Der Halligpostbote Heinrich Liermann«, Heimat-Kalender 1963

Hinrichs/Panten/Riecken: »Flutkatastrophe 1634«, Neumünster 1985

Möller/Petersen: »Kirchenschätze auf Pellworm«, Neumünster 1983

Müller, Friedrich/Fischer, Otto: »Das Wasserwesen an der schleswigholsteinischen Nordseeküste – Pellworm«, Berlin 1936

»Nordfriesland-Chronik«, Handbuch des Kreises, div. Jahrgänge

Petersen, Marcus: »Liliencron auf Pellworm«, Husum 1982

»PIZ« (Pellwormer Inselzeitung), Jahrgänge 1977-1979

Quedens, Georg: »Die Halligen«, Breklum 1975

ders.: »Nordsee – Mordsee«, Breklum 1978

ders.: »Nordstrand«, Breklum 1977

ders.: »Vögel der Nordsee«, Breklum 1976

ders.: »Inselkirchen«, Breklum 1980

Raabe E.W./Grosch K.: »Die Wegränder auf Pellworm« in Die Heimat 1972

Specht, Marret: »Jahresarbeit« über die Konservenfabrik H. Boysen in Wyk und die Pellwormer Vogelkoje

Inselkirchen

von Georg Quedens

126 Seiten, 1 Karte, 23 farbige Bilder,
87 schwarz-weiß Bilder
Format 21 x 26,5, geb. 38,– DM

Aus dem Inhalt:
Das Christentum gewinnt den Norden – Die ersten
Kirchen – Sieg der Reformation – Mare submersa,
versunken im Meer – Kirchen auf Sylt – Kirchen auf
Föhr – Kirchen auf Amrum – Kirchen auf Pellworm
– Kirchen auf Nordstrand – Halligkirchen

Breklumer Verlag · Breklum

Die Welt der Inseln und Halligen

Nordsee und Wattenmeer von Georg Quedens
128 Seiten, mit zahlreichen farbigen Abbildungen

Die Halligen von Georg Quedens
128 Seiten, zahlreiche Illustrationen und Karten

Sylt von Walter Fiedler
136 Seiten mit zahlreichen Abbildungen und Karten

Amrum von Georg Quedens
128 Seiten mit zahlreichen Abbildungen

Föhr von Georg Quedens
128 Seiten mit zahlreichen Abbildungen

Pellworm – Insel im Wattenmeer
von Georg Quedens
128 Seiten mit zahlreichen Abbildungen

Hamburger Hallig von Claus J. Reitmann
96 Seiten mit zahlreichen Abbildungen

Hallig Hooge von Günter Schirrmacher
144 Seiten, reich bebildert, teils farbig

Eiderstedt von Walter Fiedler
128 Seiten, zahlreiche Illustrationen und Karten

Helgoland von Walter Fiedler
96 Seiten, 43 Fotos – farbig, 5 Skizzen, 4 Karten

Nordstrand von Georg Quedens
112 Seiten mit zahlreichen Abbildungen

Vögel der Nordsee von Georg Quedens
128 Seiten mit zahlreichen Abbildungen

Nordsee – Mordsee von Georg Quedens
160 Seiten, mit zahlreichen Abbildungen

Nordfriesland – Natur, Kultur, Tourismus von Walter Fiedler
192 Seiten, ein umfassendes Handbuch

Ausflugsziele in Nordfriesland von Walter Fiedler
168 Seiten, beschreibt dem Urlauber lohnende Ziele in
Nordfriesland in Bild und Wort

Die Bücher sind in jeder Buchhandlung zu erhalten

BREKLUMER VERLAG · BREKLUM